À LA DÉCOUVERTE DU CANADA

Les rebelles

contestataires et bâtisseurs

ROBERT LIVESEY ET A.G. SMITH

PLAINES

Les Éditions des Plaines remercient le Conseil des arts du Canada et le Conseil des arts du Manitoba du soutien accordé dans le cadre des subventions globales aux éditeurs et reconnaissent l'aide financière du ministère du Patrimoine canadien (PADIÉ) et du ministère de la Culture, Patrimoine et Tourisme du Manitoba, pour leurs activités d'édition.

Conseil des Arts du Canada Canada Council for the Arts

CONSEIL DES ARTS DU MANITOBA ARTS COUNCIL

Manitoba

Catalogage avant publication de Bibliothèque et Archives Canada

Livesey, Robert, 1940-
Les rebelles / Robert Livesey ; illustrations de A.G. Smith ; traduction de Marie-Hélène Duval.

(À la découverte du Canada)
Comprend un index.
Traduction de: The rebels.
ISBN 978-2-89611-049-0

1. Canada—Biographies—Ouvrages pour la jeunesse. 2. Canada—Histoire—Ouvrages pour la jeunesse. I. Smith, A. G. (Albert Gray), 1945- II. Duval, Marie-Hélène, 1951- III. Titre. IV. Collection:°Livesey, Robert, 1940- . À la découverte du Canada.
FC25.L59314 2009 j971'.009'9 C2009-905380-2

Bibliothèque provinciale du Manitoba et Bibliothèque nationale du Québec.

Éditions des Plaines
C.P. 123 - Saint-Boniface (Manitoba) Canada R2H 3B4
Tél. : 204 235 0078 - admin@plaines.mb.ca - www.plaines.mb.ca
Traduction : Marie-Hélène Duval
Mise en page : Relish Studio
Édition : Huguette Le Gall – Publication : Joanne Therrien.

Imprimé au Canada par Friesens Corporation sur du papier 100 % recyclé et certifié FSC pour les pages intérieures de ce livre.

FSC Sources Mixtes
Cert no. SW-COC-001271
© 1996 FSC

Bénéfices pour l'environnement

Les Éditions Des Plaines a économisé les ressources suivantes en imprimant les pages de ce livre sur du papier sans chlore fabriqué avec 100 % de déchets postconsommation (DPC).

Arbres	Eau	Déchets solides	Gaz à effet de serre
8 matures	3483 gallons	211 livres	723 livres

Calculs effectués à partir des recherches de Environmental Defense et de Paper Task Force. Fabriqué par Friesens Corporation.

À Sean et Nick avec tout mon amour

Je veux remercier tout particulièrement mesdames Diane Cres, Florence De Dominicis, Charlette Karen, Joyce Miligan, Leslie Sutherland et les autres bibliothécaires de la bibliothèque municipale d'Oakville; la bibliothèque de l'Université de Windsor, mesdames Josie Hazen, Kelly Jones et Jennifer MacKinnon, ainsi que monsieur Rene Shoemaker.

Dans la même collection

Les Vikings

La traite des fourrures

La Nouvelle-France

Les Premières nations

Les défenseurs

Table des matières

Introduction 1

CHAPITRES

Rebelles du Bas-Canada Louis-Joseph Papineau et les autres 2
Rebelles du Haut-Canada William Lyon Mackenzie et les autres 19
Résistants féniens Thomas D'Arcy McGee et les autres 36
Contestataires politiques Joseph Howe, Amor de Cosmos et les autres 44
Résistants autochtones Louis Riel, Gabriel Dumont, Gros-Ours et les autres 59
Rebelles sociaux James Barry, Norman Bethune et les autres 75

Index 89

Introduction

Le Canada a été le théâtre de nombreuses rébellions au cours des années. Si elles ont provoqué des troubles, elles ont également exercé une influence sur son épanouissement en tant que nation.

Bien que les Canadiens et Canadiennes soient généralement respectueux des lois et de l'autorité, notre histoire est criblée de batailles et de massacres sanglants ayant amené de fiers rebelles à prendre les armes. Menacés par la violence, des citoyens loyaux se ralliant au gouvernement ont refusé de se laisser intimider. La plupart des causes rebelles ont plus tard été acceptées par les Canadiens et Canadiennes au moyen de transitions pacifiques plutôt que par des révolutions.

Les rebelles sont des personnes qui remettent en question une autorité légitime ou en place, qui s'y opposent ou la défient. Ils se rebellent contre la domination ou les conventions de la société établie. Ils défendent habituellement une cause ou une conviction. Les nouvelles idées ou les différents comportements des rebelles peuvent choquer les autorités en place. Certains rebelles défendent leur cause en prenant les armes, d'autres par des paroles et d'autres encore par des comportements antisociaux. Les jeunes sont souvent considérés comme rebelles, mais à mesure que la société évolue, les nouvelles idées finissent souvent par devenir acceptables.

Certains rebelles ont provoqué des changements par des moyens pacifiques. D'autres ont désobéi à la loi, pris le pouvoir par la force ou même tué ceux qui n'étaient pas d'accord avec eux. Les États-Unis d'Amérique ont été fondés par des rebelles armés qui ont pris le contrôle en tuant des gens*. Les rebelles canadiens qui ont eu recours à la violence ont été rejetés par les citoyens qui observaient la loi. Un rebelle canadien émérite est celui qui fait avancer les choses au Canada et obtient des résultats par des moyens pacifiques, et non en faisant couler le sang. Le Canada a été créé par évolution, non par révolution.

*Pour en savoir plus, reportez-vous au livre de la série « À la découverte du Canada » intitulé *Les Loyalistes.*

CHAPITRE 1 *Les rebelles du Bas-Canada*

Louis-Joseph Papineau et les autres

En 1837, deux soulèvements se produisent en même temps dans le Bas-Canada (le Québec d'aujourd'hui) et le Haut-Canada (l'Ontario d'aujourd'hui).

Louis-Joseph Papineau dirige la rébellion contre le parti au pouvoir dans le Bas-Canada. Les réformistes francophones qui désirent un gouvernement représentatif se donnent le nom de « patriotes ».

Papineau est élu à l'Assemblée législative du Bas-Canada à 28 ans. Par la suite, il ne tardera guère à occuper les postes de chef du parti Canadien et de président de l'Assemblée. Tout comme c'est le cas dans les autres colonies britanniques, l'Assemblée n'a pas vraiment de pouvoir. Les décisions importantes se prennent par la Clique du Château, surtout composée de colons anglophones nommés par lord Gosford, le gouverneur.

Frustré par les conditions sociales difficiles caractérisées par le chômage et la pauvreté, Papineau crée un parti plus radical, le Parti patriote. En 1834, lui-même et ses patriotes demandent un gouvernement responsable dans un document qui compte quatre-vingt-douze résolutions. Leur demande est refusée et Papineau commence à boycotter les produits britanniques. Il s'habille en *habitant* dans des vêtements simples assortis d'une tuque tricotée et d'une ceinture rouge. Ses discours émouvants alimentent bientôt une rébellion ouverte. De jeunes francophones et anglophones se battent dans les rues de Montréal. Le 6 novembre 1837, un chef patriote nommé Thomas Brown perd un œil dans un affrontement.

Le 16 novembre, les insurgés se rassemblent en bandes armées. Lord Gosford ordonne l'arrestation de tous les chefs patriotes. Papineau se couvre d'un long manteau à capuchon et s'enfuit de Montréal incognito, en calèche, en compagnie de son ami Edmund B. O. Callaghan, rédacteur du journal anglophone des patriotes, le *Vindicator*. Les deux fugitifs se joignent à d'autres chefs rebelles en dehors de la ville.

Une troupe de 20 cavaliers est dépêchée à Saint-Jean où elle arrête trois chefs rebelles. Sur le chemin du retour à Montréal, une bande de 150 fermiers patriotes délivrent les captifs.

Bataille de Saint-Denis (23 novembre 1837)

Wolfred Nelson, le chef rebelle de Saint-Denis, réunit une armée de 800 patriotes. Le colonel Charles Gore part à la tête de cinq compagnies pour mâter l'insurrection. Papineau, qui s'était réfugié au quartier général des insurgés à Saint-Denis, ne dirige pas l'armée. Lui-même et O'Callaghan quittent plutôt le village avant la confrontation. La bataille dure plus de sept heures et les insurgés, menés par Nelson, l'emportent. Cinquante soldats britanniques trouvent la mort et Gore doit battre en retraite. On compte seulement 13 morts chez les patriotes.

Bataille de Saint-Charles (25 novembre 1837)

Quelques jours plus tard, une autre troupe britannique, commandée par le colonel George Wetherall, s'attaque aux barricades des insurgés à Saint-Charles. Le chef des 400 patriotes est Brown, celui qui a perdu un œil dans l'une des escarmouches de Montréal. Papineau et O'Callaghan surviennent, donnent à Brown le titre de général, puis repartent. Cette fois, ce sont les Britanniques qui ont le dessus. Plus de 60 patriotes perdent la vie et tous les bâtiments sont incendiés.

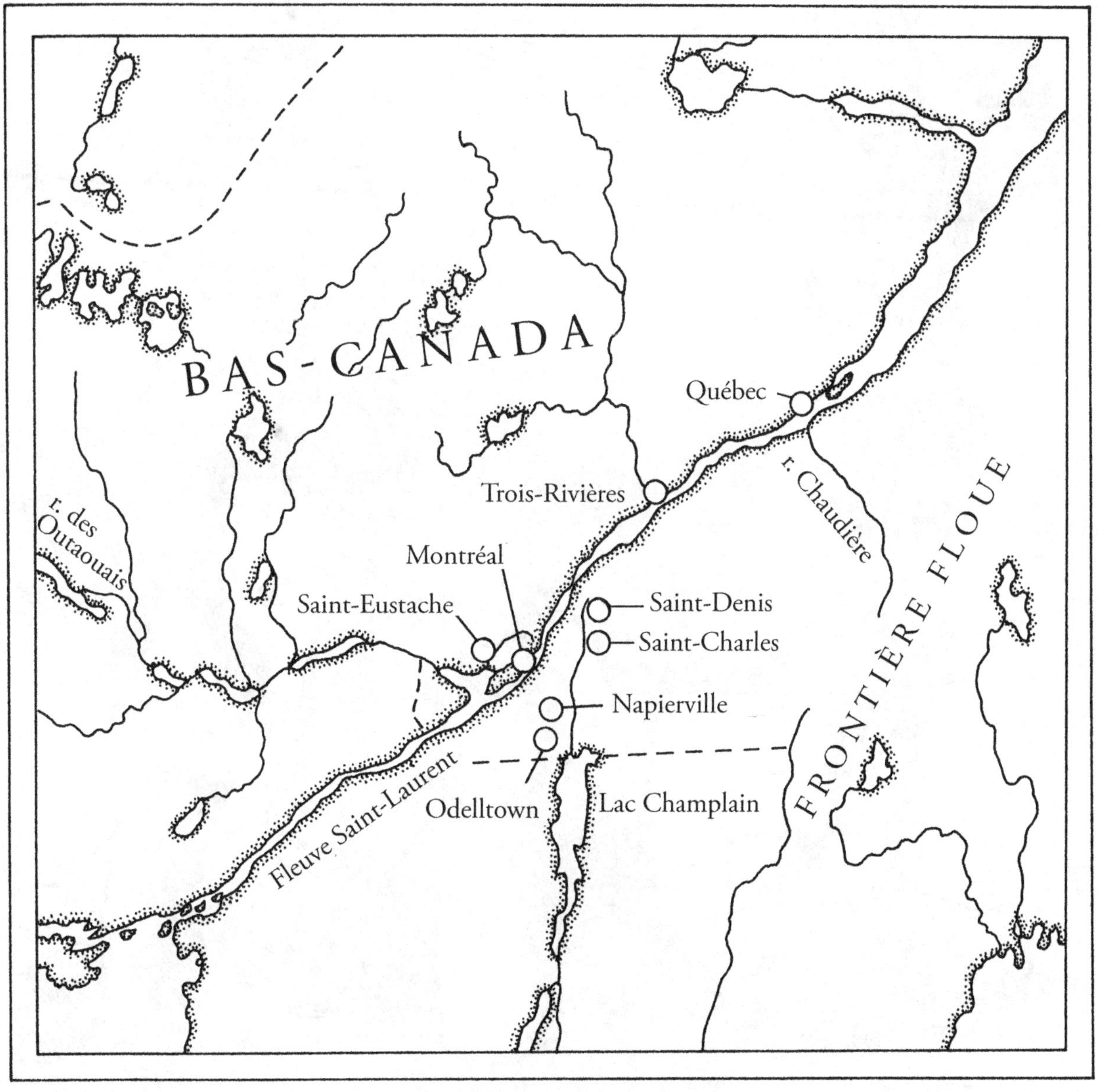
BAS-CANADA
Québec
Trois-Rivières
r. Chaudière
FRONTIÈRE FLOUE
r. des Outaouais
Montréal
Saint-Eustache
Saint-Denis
Saint-Charles
Napierville
Odelltown
Lac Champlain
Fleuve Saint-Laurent

Poursuite des patriotes

Ce soulèvement a engendré de la haine et entraîné des atrocités des deux côtés. Jock Weir, jeune officier populaire du 32e régiment des forces britanniques, fut assassiné et son corps sauvagement mutilé par les patriotes avant le premier affrontement à Saint-Denis. Le 2 décembre, le colonel Gore retourne à Saint-Denis à la tête de huit compagnies pour s'emparer du village et démolir les maisons de ceux qui avaient soutenu les patriotes. Au début du mois de décembre, Papineau, O'Callaghan, Nelson, Brown et d'autres chefs de l'insurrection admettent que celle-ci a échoué et s'enfuient aux États-Unis.

Bataille de Saint-Eustache (14 décembre 1837)

Les autres chefs du mouvement de réforme sont à la campagne, au nord de Montréal. Leur général à Saint-Eustache est un immigrant suisse, Amury Girod, secondé par le colonel Jean-Olivier Chénier. Les troupes britanniques aux uniformes rouges marchent sur Saint-Eustache accompagnées d'une milice civile qui leur est acquise. De toute évidence, les patriotes armés des petits villages ne sont pas de taille à se mesurer aux troupes expérimentées britanniques qui les poursuivent.

Girod et d'autres chefs rebelles décident de s'enfuir, mais en les entendant dire que la situation est désespérée, Chénier s'effondre et se met à pleurer. En résistant passionné, il choisit de faire fi de l'évidence. Au lieu de s'enfuir, il décide de lutter jusqu'à la mort. Brandissant une épée rouillée et criant des slogans patriotiques, il se prépare à défendre le village de Saint-Eustache.

Plus la nouvelle de l'avancée des troupes de Montréal se répand, plus le nombre de combattants diminue à Saint-Eustache. Chénier force un grand nombre d'entre eux à se joindre à lui en se rendant dans les fermes voisines

recruter des hommes et des garçons qui viennent grossir les rangs de son armée. Il capture même des patriotes hésitants qui assistent à la messe au village. Malgré les protestations du curé, il s'empare de l'église. À 11 h 30, le 14 décembre 1837, Chénier attend, entouré des autres patriotes.

Les clairons annoncent au loin l'arrivée des troupes britanniques. Lorsqu'il aperçoit les habits rouges de l'autre côté de la rivière, Chénier s'engage avec assurance sur la surface glacée avec environ 100 partisans qui se cachent dans les îles dispersées ça et là.

Des coups de feu se font entendre. Chénier et ses hommes réapparaissent, fuyant vers Saint-Eustache sans cesser de tirer. Les cavaliers britanniques s'engagent en rangs serrés dans une poursuite effrénée. Un canon de campagne lance un boulet qui glisse sur la glace jusqu'au beau milieu des rebelles éparpillés.

La plupart des patriotes s'enfuient en déroute dans la campagne, mais la voix de Chénier se fait entendre malgré la confusion. Il montre l'église, forçant les hommes qui se trouvent devant lui à y entrer.

« Nous n'avons pas de fusils! », disent les uns. Mais Chénier répond sans s'émouvoir : « Ils seront bientôt morts, vous prendrez les leurs. »

Les autres rebelles au nombre de 60 s'abritent dans leur *piège de pierres*, l'église de Saint-Eustache.

Ultime résistance

Le colonel Wetherall, vainqueur de Saint-Charles, et ses soldats arrivent par le nord du village jusqu'à l'église. Ils bombardent l'édifice. Les hommes du colonel John Maitland arrivent de l'autre côté.

Le presbytère est relié à l'arrière de l'église par un passage couvert. Le lieutenant Ned Wetherall (fils du colonel) et deux autres officiers britanniques se glissent dans ce passage pour entrer dans l'église.

Les patriotes ont démoli les marches qui mènent au jubé où ils se sont réfugiés. Les insurgés tirent sur les trois officiers au moment où ils s'engagent ensemble dans ce qui reste de l'escalier en bois. Le trio jette de la poudre noire sur le pilier et l'allume au moyen d'une pierre à feu, puis s'échappe de l'édifice au moment de l'explosion.

L'église est complètement encerclée par les fantassins. Derrière l'église, les soldats du 32e régiment auquel appartenait l'officier Joch Weir, assassiné à Saint-Denis, les attendent, baïonnette au canon.

Le bois sec flambe à l'intérieur et on entend les gémissements des hommes qui s'y trouvent prisonniers. Certains sont déjà atteints par les flammes, d'autres sautent par les fenêtres. Ceux qui tentent de fuir meurent plus rapidement. On tire sur eux ou on leur enfonce une baïonnette dans la poitrine. Les officiers du 32e régiment crient aux soldats d'arrêter de tuer les survivants terrifiés, mais aucun n'obéit, car d'autres voix crient plus fort : « Souvenez-vous de Jock Weir! »

Chénier est atteint d'une balle de mousquet et se glisse à l'extérieur par une fenêtre étroite, mais on le pourchasse jusqu'à un fossé derrière le cimetière. Une deuxième balle de mousquet l'atteint au cœur. Il rend l'âme avant même de toucher le sol.

À 18 h, le toit de l'église s'effondre, mais de la fumée continue de s'échapper des ruines jusqu'à l'aurore. Le massacre de Saint-Eustache met fin au soulèvement armé de 1837 dans le Bas-Canada.

Soulèvement des Chasseurs (novembre 1838)

En 1838, Robert Nelson, dont le frère a été battu par les Britanniques à Saint-Denis, prend la tête des patriotes qui se sont réfugiés aux États-Unis. Papineau et O'Callaghan expriment leur désaccord lorsque Nelson, à partir de son quartier général américain, entreprend une série d'incursions désordonnées de l'autre côté de la frontière, dans le Bas-Canada.

En novembre, l'appel aux armes des patriotes résonne encore au moment où sir John Colborne apprend que Nelson a passé la frontière et a réuni une armée de 3 000 hommes à Napierville. Nelson a mis sur pied une force militaire secrète, appelée « Les Frères Chasseurs », dans tout le Bas-Canada. Ces groupements armés attendent le moment de concrétiser la révolte et de se joindre aux troupes du Vermont. Lorsque Nelson arrive en novembre1838 et se proclame président de la République du Canada, les Chasseurs se manifestent et se rendent maîtres de villages partout dans le Bas-Canada.

Bataille d'Odelltown (9 novembre 1838)

Les Frères Chasseurs attaquent, volent, emprisonnent et tuent les loyalistes. Les volontaires loyalistes et les miliciens se regroupent pour se défendre. À Odelltown, les volontaires se rendent compte que les Chasseurs de Nelson vont les attaquer. Deux cents loyalistes se réfugient dans l'église en pierres. Les événements de la bataille de Saint-Eustache semblent vouloir se répéter, mais cette fois les rebelles sont les attaquants. Nelson ordonne d'incendier l'église pour forcer les loyalistes à sortir. Mais ceux-ci reçoivent des renforts. La bataille d'Odelltown durera deux heures dans une aveuglante poudrerie. Les rebelles de Nelson perdent la partie et retournent vers la frontière. Colborne arrive le lendemain avec 3 300 soldats.

Pendant ce temps, à Châteauguay, les volontaires loyalistes qui se battent contre des Frères Chasseurs entendent le cri de guerre des Autochtones de Caughnawaga et les cornemuses des soldats qui, tous, viennent à leur rescousse. Ensemble, ils reprennent la région aux insurgés. Plus tard, les hommes du régiment *Glengarry*, du Haut-Canada, reprendront Beauharnois aux Frères Chasseurs.

Lorsqu'ils entendent parler des victoires remportées par les loyalistes, les 2 000 Frères Chasseurs qui s'étaient présentés à Saint-Denis, Saint-Ours et Saint-Charles disparaissent. La rébellion de 1838 prenait fin. La plupart des habitants du Bas-Canada ne souhaitaient pas utiliser la force physique pour obtenir le pouvoir politique.

Louis-Hippolyte Lafontaine et lord Elgin

Louis-Hippolyte Lafontaine est un patriote qui croit que les Canadiens français doivent se gouverner eux-mêmes. Il avait soutenu Papineau, mais avait refusé de prendre les armes. Maintenant que l'échec de l'insurrection a forcé les radicaux à s'exiler, Lafontaine tente d'obtenir des réformes par des moyens pacifiques.

James Bruce, comte d'Elgin, est nommé gouverneur en 1847. Il est d'avis que les Canadiens doivent se gouverner eux-mêmes. Le Haut-Canada et le Bas-Canada sont déjà unifiés. En 1848, Lafontaine et Robert Baldwin joignent leurs forces en tant que premiers ministres de l'Assemblée unie dominée par les réformistes élus. Lafontaine veille à ce que les rebelles comme Papineau soient graciés et puissent revenir au Canada. Lorsque Lafontaine insiste pour que l'on compense les pertes encourues par les Canadiens français durant l'insurrection, sa maison est détruite par les *tories* et on l'attaque dans la rue. Louis-Hippolyte Lafontaine présente tout de même le Bill des pertes de la rébellion, et les réformistes l'appuient.

Les *tories* insistent pour que lord Elgin utilise son droit de veto en tant que gouverneur pour arrêter le projet de loi. Lord Elgin refuse d'aller à l'encontre de la décision des représentants élus et le projet de loi est adopté. Les réformistes obtiennent un gouvernement responsable et Lafontaine fait figure de héros!

Incendie du parlement

Les *tories*, outrés que les réformistes donnent de l'argent à des gens considérés comme des traîtres et des rebelles, lancent des ordures, des pierres et des rats morts sur la voiture de lord Elgin. Une bande de 1 500 personnes s'introduisent dans le parlement de Montréal pour l'incendier. Lord Elgin refuse d'utiliser la force contre eux. Avec calme, il insiste pour qu'on appuie le Parti réformiste et continue d'assumer les fonctions de gouverneur du Canada pendant cinq ans.

Position de l'Église

L'Église catholique romaine désapprouve l'action des patriotes radicaux. Elle les menace de leur refuser l'absolution et la sépulture en terre chrétienne.

Suicide

Girod, le général de Saint-Eustache, s'enfuit avant la bataille dans sa carriole (voiture de luxe tirée par des chevaux). Errant sans but dans la campagne, il se fait arrêter par des forces loyalistes, mais pour éviter la captivité, il se tire une balle dans la tête.

Louis-Joseph Papineau

Exilé

Après l'échec de la rébellion, Papineau passera huit ans en exil. Lorsqu'il se voit accorder le pardon et le droit de revenir au Bas-Canada, Papineau se fait réélire à l'Assemblée, puis peu de temps après, se retire dans une seigneurie à la campagne.

• **À RÉALISER TOI-MÊME** •

Invente un slogan contestataire et fabrique une bannière

Si tu prévoies manifester en faveur d'une cause, tu dois avoir un slogan et une bannière qui expriment ton opinion ou tes convictions.

Ce qu'il te faut :

Marqueurs
Agrafeuse et agrafes
Longues plaques de bois (1 mètre)
2 tiges rondes de 2 mètres de longueur
Du carton ou du bristol
Du carton ou du tissu de coton ou de vinyle (de la taille voulue pour le slogan)

Ce qu'il faut faire:

1. Choisis une cause qui sera le principal objectif de ta manifestation. Par exemple, que veux-tu sauver ou protéger qui est présentement en danger? Y a-t-il certains droits à défendre pour un groupe de gens en particulier (sans-abris, enfants, personnes âgées, personnes ayant une déficience, etc.)? Y a-t-il un groupe ou une entreprise dominante qui a trop de pouvoir politique ou économique sur ta vie? Veux-tu défendre un certain point de vue ou poser un geste pour protéger le Canada d'un danger?
2. Invente un slogan qui exprime en quelques mots quelle cause tu défends. Par exemple : « Sauvons le Canada! » (Comment?); « Donnez-nous un logis! » (Qui?); « Agissons! » (Pour quoi faire?); « À bas la malbouffe! » (ou la cigarette, l'alcool, etc.); « Le droit de vote aux enfants! » (Pourquoi?). Tu pourrais ajouter des symboles visuels à ta bannière (une feuille d'érable, un castor, etc.).
3. Fabrique une bannière sur laquelle tu peux inscrire ton slogan ou tes convictions (selon les directives de la page suivante).

Écris ton slogan sur la bannière au moyen des marqueurs. N'oublie pas les illustrations.

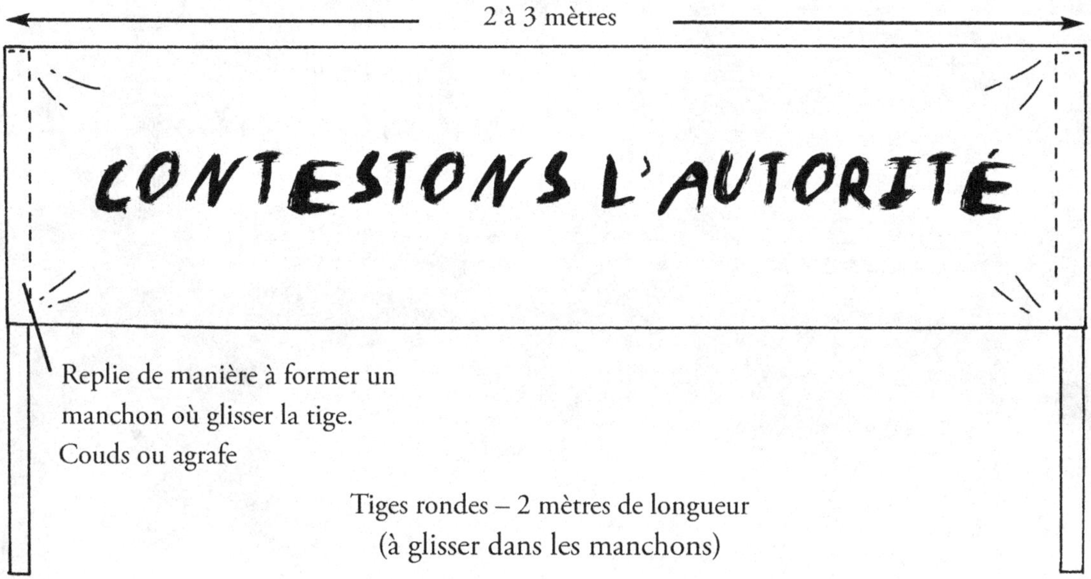

CHAPITRE 2 *Les rebelles du Bas-Canada*

William Lyon Mackenzie et les autres

Pendant que les patriotes se soulèvent dans le Bas-Canada, une autre rébellion se prépare dans le Haut-Canada (l'Ontario d'aujourd'hui).

Un colon d'origine écossaise, William Lyon Mackenzie, prend la tête du mouvement de la réforme. Il souhaite une révolution à l'américaine dans le Haut-Canada contre la clique dirigeante menée par un autre écossais, John Strachan, clique connue sous le nom de *Family Compact*. Lorsque le journal de Mackenzie, le *Colonial Advocate*, publie une sévère critique de l'élite dirigeante (bien avant la rébellion), des vandales *tories* saccagent ses bureaux de York (qu'on appellera plus tard Toronto). Ils renversent les bureaux, éparpillent les documents et endommagent la presse. Après avoir démoli l'édifice, ils jettent son contenu dans la baie.

La poursuite en justice qui s'ensuivit rapporta à Mackenzie non seulement l'argent nécessaire pour reconstruire, mais également pour faire de lui un héros réformiste populaire. Il fut élu à l'Assemblée législative du Haut-Canada en 1828.

Le gouvernement britannique nomme sir Francis Bond Head gouverneur du Haut-Canada. Celui-ci choisit des membres riches et influents de la colonie pour former son conseil. Des réformistes comme Mackenzie peuvent se faire élire à l'Assemblée, mais le conseil législatif peut opposer son veto à leurs décisions. Ils n'ont aucun pouvoir réel. Les riches gouvernent et favorisent leurs propres intérêts en tant qu'hommes d'affaires.

En 1831, le zélé et cinglant Mackenzie se fait expulser de l'Assemblée. Lorsqu'il est réélu avec plus de 99 pour cent des voix, il parade victorieusement dans les rues de York, au son des cornemuses. Mackenzie se fait réélire cinq fois à l'Assemblée, et se fait expulser autant de fois. En 1834, il est élu premier maire de Toronto.

Majorité réformiste

En 1835, Mackenzie se fait encore une fois élire à l'Assemblée. Les réformistes élus sont maintenant majoritaires. Dans une tentative de provoquer des changements en toute légalité, Mackenzie et d'autres présentent le *Seventh Report of the committee on Grievances.*

Le gouverneur, sir Francis Bond Head, dissout l'Assemblée indisciplinée en 1836. Il lance ensuite une campagne personnelle et acerbe contre les réformistes, en faveur des *tories*. Les affiches électorales *tories* accusent les réformistes de mensonge et de vouloir faire du Canada une république à l'américaine. Les *tories* l'emportent et même Mackenzie est défait.

Action armée

Enragés par l'intervention du gouverneur britannique, Mackenzie et ses associés abandonnent leur tentative de réforme pacifique et commencent à tenir des assemblées secrètes dans les maisons privées. Ils créent des comités locaux. Dans les campagnes, les fermiers font des exercices militaires. En novembre 1837, Mackenzie distribue des tracts révolutionnaires. Les rebelles entraînent alors 5 000 volontaires.

CANADIENS!

AIMEZ-VOUS LA LIBERTÉ?

DÉTESTEZ-VOUS L'OPPRESSION?

ALORS, ARMEZ-VOUS ET ABATTEZ LES SCÉLÉRATS QUI VOUS OPPRIMENT ET RÉDUISENT NOTRE PAYS EN ESCLAVAGE! DEBOUT, BRAVES CANADIENS! NETTOYONS NOS FUSILS ET FINISSONS-EN!

Le tract distribué par William Lyon Mackenzie en 1837

Sir Francis Bond Head

Sir Francis a envoyé les troupes britanniques réprimer le soulèvement des patriotes dans le Bas-Canada. Apprenant que le climat est tendu dans le Haut-Canada, il autorise la formation d'un corps de volontaires commandé par le colonel James FitzGibbon, héros de la guerre de 1812*.

L'insurrection est prévue pour le 7 décembre 1837, mais on opte à la dernière minute pour le 4 décembre. C'est la confusion. Au lieu des 5 000 insurgés attendus, seulement 500 se présentent pour attaquer Toronto.

*Pour en savoir plus, reportez-vous au livre de la série « À la découverte du Canada » intitulé *Les défenseurs.*

La taverne de Montgomery

En ce lundi froid de décembre, de petits groupes de rebelles (armés de fourches, de bâtons, de vieux fusils et de mousquets) se dirigent par la rue Yonge vers la taverne de Montgomery, le quartier général des forces rebelles. La taverne se trouve à cinq kilomètres des bureaux du gouvernement à Toronto.

Les insurgés dressent des barricades sur la rue Yonge. Le colonel Robert Moodie, loyal au gouvernement, tente d'entrer à Toronto pour avertir le gouverneur du soulèvement. Arrêté par un rebelle à l'une des barricades, Moodie sort son pistolet et tire, mais la riposte lui est fatale. L'insurrection vient de faire sa première victime.

À la tête d'une force rebelle en marche vers Toronto, Mackenzie rencontre le conseiller municipal John Powell. Ce dernier vise Mackenzie au visage avec son pistolet et tire, mais le coup ne part pas et Powell est fait prisonnier. Plus tard ce même jour, après avoir tué le capitaine Anthony Anderson (un des chefs rebelles), Powell s'enfuit afin d'avertir sir Francis de l'insurrection.

Le mardi soir 8 décembre, là où on construira plus tard le *Maple Leaf Gardens*, l'armée rebelle de 500 hommes rencontre le shérif William Botsford Jarvis accompagné de 27 soldats du régiment *Queen's York Rangers*. Il y a échange de coups de feu, puis sans se rendre compte que les opposants sont peu nombreux, les rebelles retournent à la taverne de Montgomery.

Dès le jeudi suivant, les deux camps se sont réorganisés. La principale bataille éclate au sud de la taverne de Montgomery. Les balles de mousquets et de fusils et les boulets de canon transforment la paisible campagne en un enfer mortel envahi d'une épaisse fumée noire. Les morts sont nombreux dans les deux camps. Des hommes ensanglantés sont étendus le long de la route. Lorsque les boulets de canon atteignent la taverne, les rebelles se dispersent vers le nord. En moins d'une demi-heure, la bataille a pris fin.

La taverne de Montgomery est complètement rasée par les flammes. Mackenzie s'enfuit aux États-Unis, mais 60 rebelles sont capturés. On les fait défiler dans la rue Yonge, attachés à une longue corde, au son de la cornemuse et sous la garde de 600 loyaux miliciens.

Deuxième soulèvement

Plus tard, en décembre 1837, un deuxième soulèvement ébranle le district de London dans le Haut-Canada. Le chef de la bande rebelle est le Dr Charles Duncombe secondé par l'agressif Eliakim Malcolm du village de Scotland et le quaker Joshua Doan de Sparta, dans le canton de Yarmouth. Doan dirige la bande rebelle appelée les *Spartan Rangers* de Doan. Le plan des rebelles consiste à capturer Brantford, puis à poursuivre leur avancée jusqu'à Hamilton.

Le colonel Allan McNab commande les volontaires loyaux qui s'emparent des quartiers généraux désertés de Duncombe à Scotland. Il poursuit les rebelles et, le 16 décembre, fait 500 prisonniers à Sodom.

Île Navy

Pendant ce temps, Mackenzie s'est réfugié à Buffalo où il s'est joint aux forces d'un Hollandais de New York appelé Rensselaer van Rensselaer. Celui-ci veut affaiblir l'hégémonie britannique au Canada. En promettant des terres gratuites et une bonne dose d'aventure aux Américains sans emploi, il réussit à former une armée de libération de 25 000 hommes qui se qualifient d'armée patriote du Nord-Ouest. Le 14 décembre 1837, ils occupent l'île Navy située dans les eaux canadiennes, à environ cinq kilomètres en amont des chutes Niagara. C'est désormais leur quartier général. Mackenzie se proclame président de la nouvelle République du Haut-Canada. Il imagine même un drapeau pour son nouvel état.

Van Rensselaer nomme « Pirate Bill » Johnson amiral de la marine patriote de l'Est. « Pirate Bill », né à Trois-Rivières en 1782, est fils de loyalistes de l'Empire uni, mais se veut antibritannique. Se dissimulant dans les Mille-Îles, il attaque les navires canadiens avec sa galère.

Environ 450 envahisseurs se rassemblent à l'île Navy qu'on peut apercevoir du village de Chippewa du côté canadien du fleuve. De l'île Navy, Mackenzie dirige des expéditions sanglantes dans les villages qui longent la frontière canadienne. Les volontaires du loyaliste McCable établissent leur quartier général à Chippewa. Les échanges de coups de feu sont fréquents entre les rebelles de l'île et les volontaires sur les berges du fleuve. Des hommes meurent des deux côtés.

Le drapeau de Mackenzie

Le *Caroline*

Mackenzie utilise un navire de guerre de 26 tonnes, le *Caroline*, pour approvisionner les rebelles de l'île Navy, à partir de New York. Le capitaine et commandant de la force navale loyaliste est Andrew Drew. Le 29 décembre, à la tête de 50 ardents volontaires armés de fusils, de piques d'abordage et de coutelas, il se dirige par voie d'eau vers l'île Navy dans l'intention de s'emparer du *Caroline*. Comme le *Caroline* n'y est pas, Drew se rend jusqu'à New York où il le trouve.

Brandissant l'épée, Drew est l'un des premiers à sauter à bord du navire. On se bat à coups de fusil. Des hommes sont blessés ou tués. Le *Caroline* est saisi, tiré au milieu du fleuve et incendié. Emporté par le courant vers les puissantes chutes Niagara, il s'écrase sur les rochers. Des parties du navire mis en pièces sont emportées par les chutes. La saisie et la destruction du *Caroline*, un navire américain en territoire américain, est un outrage aux Américains.

Des renforts

Des soldats britanniques sont dépêchés depuis le Nouveau-Brunswick et la Nouvelle-Écosse dans le Haut-Canada où ils viennent grossir les rangs de la milice nouvellement incorporée. Les rebelles de l'île Navy se retirent à New York et, le 15 janvier 1838, la milice du Haut-Canada occupe l'île sans rencontrer de résistance.

Les Chasseurs

Après l'échec du soulèvement, les chefs rebelles (comme Mackenzie, Duncombe et Malcolm) et leurs partisans affluent aux États-Unis d'Amérique où ils demandent refuge et assistance. Nombreux sont les Américains qui croient devoir aider les rebelles canadiens à se débarrasser des autorités britanniques, afin que le Canada puisse devenir une république indépendante comme les États-Unis.

Des sociétés secrètes appelées loges de Chasseurs commencent à se former aux États-Unis. Leurs membres songent à des stratégies pour parvenir à faire du Canada une république. Des dizaines de milliers de républicains américains joignent les rangs des Chasseurs pour former le gouvernement républicain du Haut-Canada. Leur commandant en chef est le brigadier général Lucius V. Bierce de la milice d'Ohio. Ils tiennent pour acquis que tous les Canadiens souhaitent se libérer de la tutelle des Britanniques.

Volontaires loyalistes

En fait, ce sont les volontaires loyalistes et la milice du Haut-Canada qui sont responsables de l'échec des rébellions. Les Américains ne comprennent pas que la plupart des Canadiens s'opposent aux rébellions violentes préférant négocier pacifiquement l'obtention de la démocratie.

Au Canada, ce sont les chefs loyalistes de la milice et les volontaires qu'on admire et qu'on suit. John Prince commande la milice à la frontière de Detroit. Le colonel William Chisholm d'Oakville et ses Dragons poursuivent également les rebelles.

Frontière Windsor-Detroit, 1838

William « Tiger » Dunlop du district de Huron dirige une milice non officielle appelée les « Invincibles » ou les « *Huron Braves* ». Le long du Saint-Laurent, à Kingston, le colonel Richard Bonnycastle dirige la milice de Frontenac et d'Addington.

Île Fighting (février 1838)

Le 24 février, le chef rebelle Charles Duncombe revient au Canada et occupe l'île Fighting avec environ 150 républicains. John Prince et ses volontaires canadiens attaquent et repoussent les envahisseurs américains qui retournent en désordre chez eux.

Île Pelee (mars 1838)

Le 3 mars, Van Rensselaer fait traverser la frontière à une armée d'environ 400 républicains, à l'île Pelee. Les volontaires canadiens repoussent les envahisseurs et Van Rensselaer est tué.

Short Hills (juin1838)

James Morreau, un Irlandais catholique romain de Pennsylvanie, dirige un petit contingent de Chasseurs. Ceux-ci dressent leur camp dans le marais de mélèzes de Short Hills, au sud de St. Catharines. Ils attaquent un détachement de Lanciers de la Reine au village de St. John. La milice locale et des guerriers autochtones recherchent les envahisseurs qu'ils parviendront à capturer. Le procès de ces derniers se solde par une condamnation à vie dans une colonie pénitentiaire d'Australie.

Bataille du moulin (novembre 1838)

Nils Gustaf Von Schoultz, un Finlandais d'ascendance suédoise qui habite à New York, dirige l'attaque du fort Wellington et du village de Prescott à la frontière. La force d'invasion arrive à la Pointe du Moulin et occupe le moulin de six étages

perché sur un promontoire dominant le Saint-Laurent. Ils hissent sur le toit du moulin le drapeau de soie bleue des patriotes sur lequel on peut lire : « *Liberated by the Onondaga Hunters* » (Libéré par les Chasseurs Onondaga)

La milice locale, les 83e et 93e régiments de fantassins, la marine royale britannique, la force navale et l'artillerie bombardent les murs du moulin et capturent 159 envahisseurs. Il faut protéger les prisonniers des bandes de Canadiens en colère qui ne veulent pas du tout être « libérés ». Parmi les chefs Chasseurs, Von Schoultz et dix autres subiront leur procès à Kingston et seront pendus. On enverra 60 de leurs partisans dans la colonie pénitentiaire de la Terre de Van Diemen. 39 adolescents furent accusés, puis graciés en raison de leur jeune âge et renvoyés à New York.

Bataille de Windsor (décembre 1838)

Au début du mois de décembre, Lucius V. Bierce traverse la frontière vers le Canada avec 200 Chasseurs, attaque le village de Windsor et brûle les casernes. Les volontaires de John Prince et la milice arrivent de Sandwich. Ils capturent 44 envahisseurs et repoussent les autres à la frontière. Six d'entre eux sont condamnés à mort.

Prisonnier américain

Le président Martin Van Buren avait émis une proclamation selon laquelle tout Américain qui attaquait le Canada n'était pas protégé advenant sa capture.

Étant donné que Mackenzie a attaqué le Canada à partir des É.-U., il se fait arrêter et emprisonner par le gouvernement américain parce qu'il n'a pas respecté les lois de neutralité. Une fois libéré, il vivra 12 ans aux États-Unis où il rédigera des articles antibritanniques dans les journaux.

À la déclaration de l'amnistie en 1849, Mackenzie revient au Canada où il se fait élire à l'Assemblée législative. Pendant ce temps, d'autres ont pris la direction du mouvement réformiste. Mackenzie finit par se retirer de la politique et s'éteint paisiblement à Toronto le 23 août 1861.

Les loyalistes noirs

Les volontaires noirs sont très loyaux au Canada (et s'opposent par conséquent à la rébellion de style américain) parce qu'ils savent que l'esclavage existe encore aux É.-U. en 1837. Dans le Haut-Canada, l'esclavage est illégal depuis 1793.

La première des nombreuses compagnies d'hommes noirs provient d'Hamilton et est dirigée par un officier blanc, le capitaine William Allen. Le révérend Josiah

Henson de Windsor commande une autre compagnie qui défend Amherstburg. Henson, un homme de couleur, inspirera Harriot Beecher Stowe pour son œuvre intitulée *La Case de l'oncle Tom.*

Déguisé en femme

Avant la bataille de la taverne de Montgomery, Mackenzie avait attaqué une diligence, à la manière d'un brigand. Après l'échec de la rébellion, il utilise des vêtements féminins trouvés dans le butin de la diligence pour se déguiser et s'enfuir à Buffalo aux États-Unis.

Défense d'un rebelle

Lorsque von Schoultz et ses partisans se font capturer à la bataille du moulin, c'est un jeune avocat qui prend leur défense au tribunal, John A. Macdonald, qui deviendra plus tard premier ministre du Canada.

Femme espionne

Il y avait de nombreux espions dans les deux camps durant les soulèvements de 1837 et 1838. Parmi ces espions se trouvait Eunice Whiting qui sera plus tard envoyée au pénitencier de Kingston pour avoir volé un cheval.

Exode des rebelles

Samuel Edison, un hôtelier de 33 ans du Haut-Canada, s'enfuit aux États-Unis après l'échec de la rébellion comme de nombreux autres rebelles canadiens. Son fils Thomas, le célèbre inventeur, naîtra à Milan en Ohio, en 1847.

À RÉALISER TOI-MÊME

Publie un journal ou une page Internet

De nombreux rebelles canadiens dont il est question dans ce livre (comme William Lyon Mackenzie, Amor de Cosmos, Joseph Howe, Thomas D'Arcy McGee, etc.) ont commencé leur carrière en tant que rédacteurs de journaux. Essaie de publier ton propre journal ou un bulletin de nouvelles sur Internet au sujet des rebelles canadiens. Tu peux le créer toi-même ou avec l'aide de tes amis ou tes copains de classe.

Ce qu'il te faut :

Du papier
Un stylo, un crayon, ou un ordinateur
Des illustrations de personnalités ou d'événements (dessins ou photographies trouvés dans des livres ou sur Internet, sans oublier d'indiquer tes sources)
Une opinion ferme sur les personnalités et événements des années 1800

Ce qu'il faut faire:

Inspire-toi d'un journal existant ou d'un site Internet.

1. Crée la première page.
   Imagine que nous sommes dans les années 1800. Écris des articles dans le format de l'époque. Illustre les articles à l'aide de dessins ou de photographies. Fais preuve d'imagination pour les titres. Un article doit répondre aux questions suivantes : Qu'est-il arrivé? Quand est-ce arrivé? Où est-ce arrivé? Qui a été impliqué? Pourquoi est-ce arrivé? Pourquoi ça s'est terminé de cette façon?

2. Crée une page éditoriale.
   En tant que rédacteur, c'est sur cette page que tu exprimes ton opinion sur les sujets d'actualité. Qu'est-ce que le rédacteur pense des insurgés et de leurs actions? La page éditoriale peut aussi comprendre des lettres au rédacteur dans lesquelles les lecteurs expriment leur propre point de vue sur les événements du jour. Encourage les autres à participer à ton journal ou à ta page Internet en publiant leur point de vue. Si tu as du talent pour le dessin, tu peux aussi ajouter une caricature à caractère politique sur cette page. Tu devrais pouvoir trouver de vraies caricatures de cette époque à la bibliothèque municipale ou sur Internet.

3. Crée une page sportive.
   Recherche quels événements sportifs ont eu lieu dans les années 1800 et rédige un article à ce sujet. Par exemple, en 1867, une équipe de rameurs appelée les *Saint John Four* de Saint John au Nouveau-Brunswick a remporté la première victoire athlétique internationale pour le nouveau pays du Canada. Louis Cyr, de la province de Québec, était connu pour être « l'homme le plus fort de tous les temps ».

4. Crée des annonces publicitaires.
   Qu'est-ce qu'on pouvait bien annoncer dans les années 1800? Que vendait-on? Des armes? Des vêtements? Des meubles? Des aliments? Des chevaux?

5. Rédige les principaux articles.
   Qu'est-ce qu'on racontait sur les chefs des insurgés et sur les événements qui se sont déroulés dans les années 1800? Si les pages Internet avaient existé à l'époque, quel genre de récits aurions-nous pu y trouver?

CHAPITRE 3 *Résistants féniens*

Thomas D'Arcy McGee et les autres

Aux États-Unis, les Féniens, une confrérie irlandaise, étaient dirigés par John J. O'Neill qui se targuait du titre de général. Les Féniens encourageaient tous les Irlandais à renverser le régime britannique, que ce soit en Irlande ou au Canada.

Le 2 juin 1866, O'Neill traverse la rivière Niagara à la tête de 800 soldats américains d'origine irlandaise et capture Fort Erie en Ontario. Il espère entraîner les Canadiens d'origine irlandaise à se révolter contre la mainmise des Britanniques sur les colonies, mais les loyalistes canadiens s'arment rapidement et le repoussent de l'autre côté de la frontière. Le gouvernement américain hésite à sévir contre la puissante fraternité des Féniens qui compte 15 000 membres hostiles et en colère.

Par la suite, O'Neill se prépare à envahir les cantons de l'Est au Québec. Il amasse trois millions de cartouches dans son quartier général de Franklin, au Vermont. Le 25 mai 1870, il attaque Ecles Hill, mais la milice canadienne, fière de son tout nouveau Dominion du Canada créé en 1867, le repousse encore une fois. Le gouvernement américain mettra finalement O'Neill en prison.

Jeune rebelle

Dès l'adolescence, Thomas D'Arcy McGee est très antibritannique et veut se battre pour l'indépendance de l'Irlande.

IRA

Drapeau fénien

À 17 ans, il immigre en Amérique du Nord et se joint au personnel du *Pilot* de Boston. À l'âge de 19 ans, il se retrouve à la tête du journal. McGee a déjà fait ses preuves en tant qu'orateur exceptionnel, rédacteur du journal et poète. Il se marie en 1847 et aura cinq filles et un fils.

Sa célébrité en tant que journaliste et conférencier l'amène à retourner en Irlande travailler pour le *Freeman's Journal* et *The Nation*. Il participe à la tentative de rébellion de 1848 et doit fuir l'Irlande déguisé en prêtre. De retour aux États-Unis, il publie un article qui blâme le clergé irlandais pour l'échec de la révolte et signe son article ainsi : « Thomas D'Arcy McGee, traître au gouvernement britannique. »

De retour aux États-Unis, McGee devient moins radical. Les républicains irlandais extrémistes dénoncent souvent ses opinions politiques conservatrices de réformiste modéré.

En 1857, Thomas D'Arcy McGee déménage à Montréal et lance un journal appelé *New Era*. Il n'est pas très grand et il est voûté. Il porte une barbe fine qui va d'une oreille à l'autre et il a le haut du crâne couronné d'une touffe de cheveux rebelles. McGee se lance plus tard dans une nouvelle carrière, celle de politicien. En l'espace d'un an, il se fait élire à l'Assemblée législative du Canada dans la circonscription de Montréal-Ouest.

Acte de l'Amérique du Nord britannique

McGee, l'ancien contestataire, est maintenant connu comme « l'orateur à la langue d'argent » de la confédération. Ses discours passionnés ont beaucoup contribué à l'indépendance du Canada par l'union pacifique des anciennes colonies britanniques. L'union a été instaurée par l'Acte de l'Amérique du Nord britannique (AANB). McGee était le bras droit de sir John A. Macdonald et l'un des principaux Pères de la confédération. Il était présent à Charlottetown et à Québec au moment de la formation du tout nouveau Dominion du Canada.

Il avait déclaré : « Isolés les uns des autres, nous sommes perdus. Mais en nous unissant nous serons solides comme le roc. »

Les rebelles féniens s'opposent à McGee et à ses efforts en vue de créer une nation canadienne indépendante qui resterait loyale à la Grande-Bretagne. Lors de la première élection à la nouvelle Chambre des communes en 1867, il a pour adversaire un extrémiste irlandais, Bernard Devlon.

McGee se moque de ses puissants adversaires : « Pour ce qui est du fénianisme, je l'ai terrassé quand il a tenté de s'implanter au Canada et je ne vais pas me laisser importuner par ce qu'il en reste! » Il a bravement, ou sottement, ignoré leurs menaces : « On m'a dit que si je n'importunais pas les Féniens, ils ne m'importuneraient pas. Mais je les ai repoussés. »

Le meurtre

Patrick James Whelan, un Fénien qui a travaillé en faveur de Devlon durant les élections, a juré de « lui (McGee) faire sauter la cervelle! »

Tard dans la nuit du 6 avril 1868, Whelan se trouve dans la tribune de la Chambre des Communes. Il va et vient en montrant le poing à McGee qui se trouve en bas avec les autres membres de la Chambre.

Après minuit, devant sa maison de pension, rue Sparks à Ottawa, McGee s'apprête à ouvrir la porte. Il reçoit alors une balle dans la tête, provenant d'un revolver *Smith & Wesson* à six coups. L'arme appartient à Whelan qui clame son innocence tout en se vantant de savoir qui a tiré sur McGee. Whelan refuse toutefois de révéler le nom de l'assassin et est pendu pour meurtre. Les experts s'accordent pour dire que cet assassinat était une commande des Féniens.

À 42 ans, Thomas D'Arcy McGee, le résistant converti en réformiste pacifique, devient un héros et un martyr canadien.

Prémonition de sa propre mort

Fait étrange, Thomas D'Arcy McGee a eu une prémonition dans son enfance qui lui a inspiré un poème intitulé *Forewarned* (Averti), lequel décrit son propre assassinat et pourrait se traduire librement comme suit :

Encore enfant, j'eus le pressentiment étrange,
Que je mourrais au mitan de la vie,
Non pas enlevé paisiblement par la mort silencieuse,
Mais tel un chêne foudroyé, abattu subitement.

CHAMBRES
Á LA SEMAINE

Citoyens loyalistes

Les loyalistes formant des unités de milice, afin d'appuyer les forces britanniques, provenaient de différents groupes ethniques. Des Écossais des Hautes-Terres, des Juifs, des Polonais, des Allemands, des Autochtones, des Africains, des Irlandais catholiques romains, et même de nombreux Canadiens français ont pris les armes contre les rebelles.

Premier et dernier

De nombreux politiciens et présidents des États-Unis ont été assassinés, sans compter les nombreuses tentatives contre d'autres. Le meurtre de Thomas D'Arcy McGee a été le premier et le dernier d'un politicien fédéral canadien. Plus de 100 ans plus tard, un politicien québécois appelé Pierre Laporte sera le deuxième politicien à être assassiné au Canada. Les meurtriers étaient des indépendantistes québécois radicaux.

Exécution publique

La dernière exécution publique canadienne fut celle de Patrick James Whelan, le 11 février 1869. Les exécutions ont ensuite eu lieu en privé, en présence de quelques témoins officiels. En 1976, la peine de mort a été abolie au Canada. On n'exécute plus personne de nos jours, peu importe le crime commis. Le 10 décembre 1962, Arthur Lucas et Robert Turpin ont été les derniers individus exécutés au Canada.

CHAPITRE 4 *Contestataires politiques*

Joseph Howe, Amor de Cosmos et les autres

Les contestataires politiques devenus réformistes ont souvent commencé leur carrière en publiant des journaux critiquant l'injustice ou l'absence d'un gouvernement représentatif dans leur colonie ou leur province.

Joseph Howe est né à Halifax, en Nouvelle-Écosse, le 13 décembre 1804, dans une famille très pauvre. Le garçon aux cheveux roux doit quitter l'école à 13 ans parce qu'il n'a pas l'argent nécessaire pour poursuivre ses études. (À cette époque, il n'y a pas de loi qui rend l'éducation obligatoire pour tous les enfants. Il n'existe pas non plus d'aide financière pour les familles pauvres.) Le jeune Joseph Howe travaille donc dans une imprimerie et économise son argent.

Son amour de la lecture et de l'écriture l'amène à acheter des parts du journal l'*Acadian*, avec ses économies, à l'âge de 23 ans. En 1828, il possède son propre journal, le *Novascotian*.

Liberté de presse

La Nouvelle-Écosse est gouvernée par le tyrannique Conseil des Douze. Lorsque Joseph Howe publie une lettre qui accuse les magistrats d'Halifax d'« incompétence, de négligence et de corruption dans l'administration des lois », on l'accuse immédiatement de diffamation. Aucun avocat ne veut le défendre contre les puissantes autorités nommées par les Britanniques. Il se défend donc lui-même en cour, au nom de la liberté de la presse.

OFFICE OF THE
NOVA SCOTIAN
PUBLISHED EVERY SATURDAY
NEWSPAPERS
PRINTING
FORMS
OFFICE FOR
VERTISEMENTS
HARDWARE

Après un discours émouvant de six heures qui fera fondre en larmes un membre du jury, Howe conclut : « Oui, messieurs, advienne que pourra. Tant que je vivrai, la Nouvelle-Écosse bénéficiera d'une presse ouverte et sans entrave. »

Après son acquittement, les citoyens d'Halifax explosent de joie et fêtent dans les rues pendant deux jours. Joseph Howe est un héros.

Sa nouvelle popularité à titre de réformiste lui attire des problèmes et des ennemis. En brandissant une épée, un de ses opposants se rue à cheval sur les locaux de son journal. Tandis que les vitres des fenêtres se fracassent dans la rue, Howe désarçonne l'individu et le désarme. D'autres le provoquent en duel. Il se bat à deux reprises au pistolet avant de refuser les autres duels, affirmant qu'« un rédacteur vivant est plus utile qu'un héros mort. »

Pour obtenir des réformes, Howe se lance en politique et se fait élire à l'Assemblée législative en 1836. En tant que dirigeant réformiste, il se bat pendant 11 ans pour obtenir un gouvernement responsable. Il force le rappel en Angleterre du gouverneur lord Viscount Falkland. En 1847, la Nouvelle-Écosse s'est dotée d'un gouvernement responsable.

Contrairement à ce qui s'est passé dans le Haut-Canada et le Bas-Canada, il n'y a pas eu de révolte armée en Nouvelle-Écosse sous la direction pacifique de Joseph Howe. Il sera premier ministre de la province de 1860 à 1863.

À la poursuite de l'aventure

Joseph Howe est le héros du jeune Bill Smith (William Alexander Smith) né à Windsor, Nouvelle-Écosse, en 1825. À 14 ans, Billy travaille dans une épicerie d'Halifax lorsqu'il entend parler des fabuleuses découvertes d'or en Californie.

Des années plus tard, Bill décide de partir à l'aventure et d'aller s'enrichir dans l'ouest sauvage. Il se joint à une caravane de charrettes pour la plus grande partie

du long et périlleux voyage à travers le vaste continent. En cours de route, les voyageurs se font attaquer par des Amérindiens qui défendent leur territoire contre les colons blancs. Mais ce n'est pas le seul danger auquel Bill est confronté, car il doit aussi se défendre contre un groupe de femmes mormones de la caravane qui veulent l'épouser collectivement, comme le permettent leurs coutumes. (Mais le mariage ne fait pas partie de ses objectifs. D'ailleurs, il restera célibataire toute sa vie.)

Seul à cheval, Bill arrive enfin en Californie. Ce jeune homme svelte de la Nouvelle-Écosse aux yeux ardents et à la barbe noire frisée se pavane sur les terrains aurifères de la Californie, une paire de revolvers pendant à ses genouillères. La chance ne lui souriant pas en tant que chercheur d'or, il se tourne vers une nouvelle invention, la photographie. Il gagne sa vie en prenant les mineurs et leur concession en photo. Il se mérite également la réputation d'un bon buveur et d'un joyeux fêtard.

En 1854, Bill Smith change légalement de nom pour s'appeler désormais « Amor de Cosmos », terme flamboyant qui signifie « Amoureux de l'univers. »

La ruée vers l'or

La découverte de gisements d'or dans la rivière Fraser en 1858 attire des milliers d'Américains vers le nord, dans les colonies britanniques de la côte Ouest. En 1855, il n'y avait guère que 800 colons européens sur l'île de Vancouver, plus une poignée de commerçants de fourrures sur le territoire continental. La découverte de gisements d'or a attiré dans la région 30 000 immigrants venus y faire fortune.

Parmi les aventuriers californiens arrivés par bateau, débarque un passager qui va changer la vie de toute la colonie et devenir le personnage le plus controversé de la Colombie-Britannique. Cet étranger, c'est Amor de Cosmos. Il est impeccablement vêtu, porte un chapeau haut de forme et un manteau élégant. Il tient une badine à la main lorsqu'il descend à terre en crânant, l'air arrogant.

Port de Nanaimo

Colombie-Britannique

C'est la Compagnie de la Baie d'Hudson qui dirige la colonie britannique depuis 1821. L'arrivée massive de ces étrangers dans la région représente une menace pour le commerce des fourrures et l'autorité du gouverneur de la Compagnie de la Baie d'Hudson.

Comme Joseph Howe (son idole quand il était en Nouvelle-Écosse), Amor de Cosmos fonde un journal, le *British Columnist*, et s'en sert pour réclamer un gouvernement responsable. Son journal attaque le gouverneur de l'île de

Vancouver, James Douglas. En colère, Douglas jure « de museler ce nouveau venu excentrique qui fourre son nez partout. » S'appuyant sur une ancienne loi britannique, il fixe à 3 000 $, une somme énorme, le coût de la licence d'exploitation du journal. Amor est incapable de payer une telle somme et est emprisonné. Aux yeux des gens, c'est Amor le héros et Douglas le méchant. Ils rassemblent la somme requise en quelques jours. Le nombre d'abonnements au journal augmente, ce qui permet de le publier trois fois par semaine au lieu d'une seule fois.

Amor de Cosmos accuse Douglas d'être « un homme d'État incompétent et un traître à son pays ». Douglas traite Amor de Cosmos de « pseudo-réformateur qui écrit comme s'il était à moitié fou. » Très excentrique, non seulement Amor de Cosmos attaque-t-il ses adversaires par le biais de son journal, mais il lui arrive aussi de se battre avec eux dans la rue.

En 1863, le radical Amor de Cosmos se lance en politique et se fait élire à l'Assemblée législative de l'île de Vancouver. Il propose immédiatement d'unir politiquement l'île au continent, c'est-à-dire à la Colombie-Britannique, ce qui se fera d'ailleurs en 1866. Amor de Cosmos provoque ensuite des débats passionnés en suggérant que la Colombie-Britannique fasse partie d'une nouvelle union des territoires de l'Est, appelée le Canada. La plupart des nouveaux citoyens proviennent des États-Unis et veulent que la Colombie-Britannique se joigne aux États-Unis. En 1871, le deuxième rêve d'Amor de Cosmos se réalise lorsque la C.-B. devient la sixième province canadienne.

Non seulement Amor de Cosmos est-il élu à la Chambre des Communes à Ottawa, mais il se fait élire également à l'Assemblée provinciale où il devient le premier ministre de la Colombie-Britannique. En qualité de premier ministre, il fait expulser du cabinet le gouverneur général nommé par les Britanniques, prétextant que sa présence est une menace pour un gouvernement responsable.

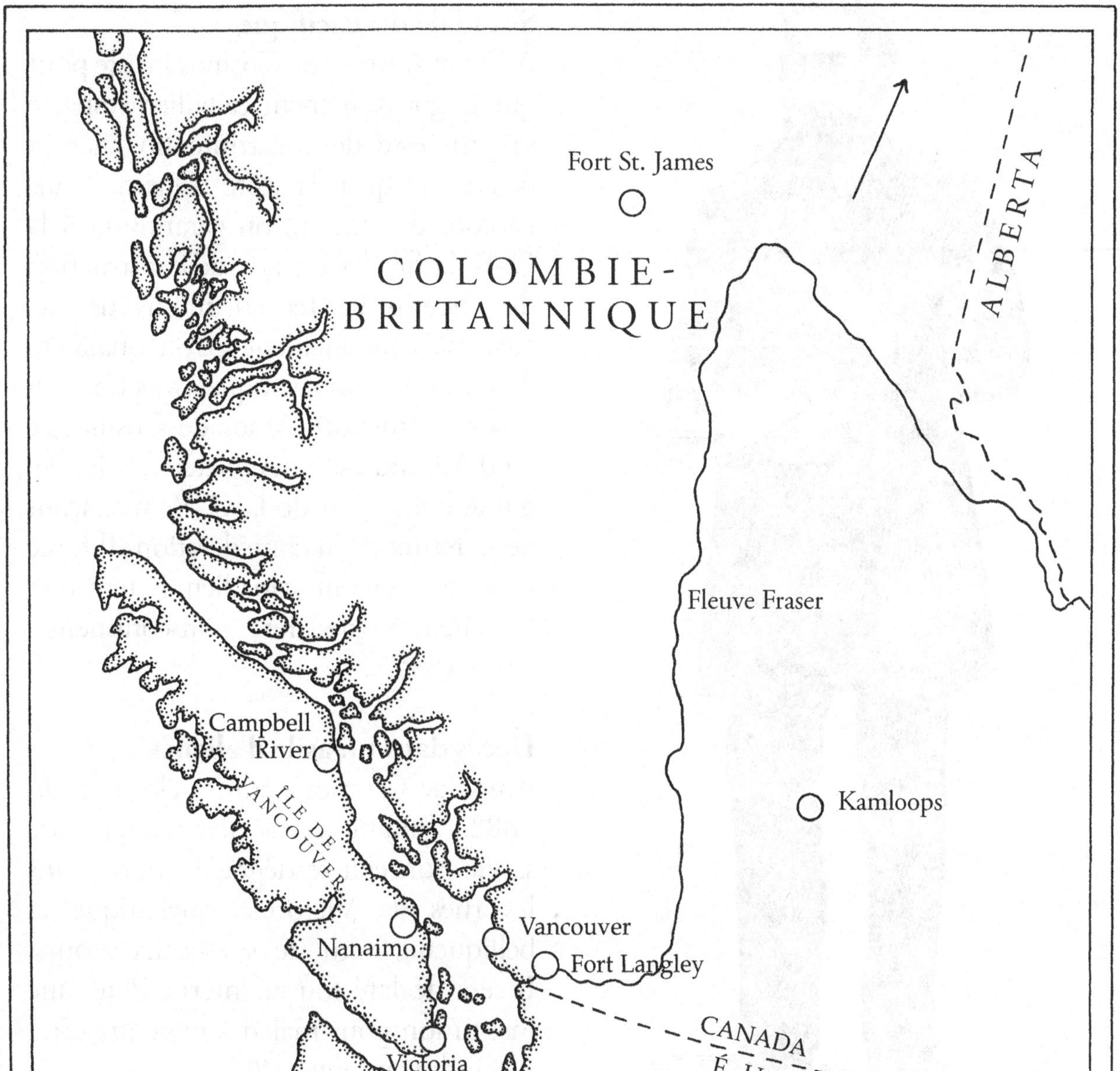
Fort St. James
COLOMBIE-
BRITANNIQUE
ALBERTA
Fleuve Fraser
Campbell
River
ÎLE DE
VANCOUVER
Kamloops
Nanaimo
Vancouver
Fort Langley
Victoria
CANADA
É.-U.

Amor de Cosmos

Scandale du Pacifique

À Ottawa, Amor de Cosmos insiste pour que le gouvernement canadien respecte sa promesse de construire un chemin de fer jusqu'à la côte Ouest. Dans l'accord de l'union, on garantissait à la C.-B. la fin des travaux de construction du chemin de fer en moins de dix ans, mais un incident qu'on qualifiera de « Scandale du Pacifique » met un frein à la construction. Amor de Cosmos se rend à Londres, en Angleterre, à la tête d'une délégation de la C.-B. menaçant de se retirer de la confédération. Il force le gouvernement canadien à terminer le chemin de fer transcontinental avant 1885*.

Décès dans un asile d'aliénés

Amor de Cosmos perd les élections en 1882. Durant les dernières années de sa vie, son état se dégrade. Il erre dans les rues de Victoria, squelettique et belliqueux, vêtu de ses beaux atours. Il sera déclaré fou et interné dans une institution pour malades mentaux où il s'éteindra en juillet 1897.

*Pour en savoir plus, reportez-vous au livre de la série « À la découverte du Canada » intitulé *Le chemin de fer.*

Tristes funérailles

Bien qu'il ait instauré un gouvernement responsable pour le nord de la côte Ouest, créé la Colombie-Britannique et donné au Canada la possibilité de s'étendre d'un océan à l'autre, Amor de Cosmos a quitté ce monde dans l'indifférence générale sans que personne ne porte son deuil. Un de ses anciens adversaires sur la scène politique ayant assisté aux funérailles, écrit, consterné, une lettre au rédacteur du journal local.

Environ 20 à 30 personnes étaient présentes au cimetière au moment de la mise en terre. Ce fut la parodie d'un dernier hommage à Amor de Cosmos qui, quarante ans auparavant, était considéré comme un héros par un grand nombre, un patriote qui s'était battu pour l'affranchissement de la population.

Sir James Douglas

Résistante noire

Mary Ann Shadd Carey, une femme noire, a écrit sur l'intégration et a lutté pour l'affranchissement des Noirs dans le journal qu'elle a fondé à Windsor, en Ontario, le *Provincial Freeman*.

Contestataire de la ponctuation!

Ma Murray, l'extravagante rédactrice de l'*Alaska Highway News*, était si réputée pour ses fautes de grammaire qu'elle publiait un paragraphe de signes de ponctuation une fois par année pour que ses lecteurs « puissent en saupoudrer à satiété » ses textes.

Traître?

En 1867, Joseph Howe rejette les plans de son adversaire politique, Charles Tupper, en vue d'unir la Nouvelle-Écosse à la confédération. Howe se rend en Angleterre pour tenter d'empêcher le gouvernement britannique d'adopter l'Acte de l'Amérique du Nord britannique, mais sans succès. Par contre, il réussit à persuader les gens de l'Est de rejeter la confédération et tente toujours d'empêcher l'AANB d'être adopté lorsque sir John A. Macdonald et Thomas D'Arcy McGee s'organisent pour le rencontrer. Ces deux grands hommes persuadent Howe des bienfaits de la confédération pour la Nouvelle-Écosse. Une fois convaincu des avantages et de la nécessité de la confédération, Howe change d'idée. De nombreux partisans de Howe le considèrent comme un traître parce qu'il a décidé de soutenir la confédération canadienne.

• **À RÉALISER TOI-MÊME** •

Construis un jeu de table électronique

Tu peux construire ton propre jeu électronique qui te permettra de tester les connaissances des joueurs sur les rebelles et contestataires canadiens.

Ce qu'il te faut :

Fil électrique
Support de piles
2 piles C
Ampoule ou indicateur sonore avec cordon électrique
Carton épais (ou planche de bois mince) (environ 50 cm sur 100 cm)
Perceuse ou paire de ciseaux
Papier
Colle
Stylo, crayon, ou ordinateur

Remarque : Tu devras brancher les fils électriques, le support de piles et l'ampoule (ou l'indicateur sonore) de manière à créer un circuit électrique simple. Consulte l'illustration intitulée « Construis un jeu de table électronique » à la page 57.

ATTENTION : Lorsque tu travailles avec l'électricité, il vaut mieux te faire superviser par un adulte, car l'électricité peut causer un incendie. Alors tu dois être prudent avec le papier et le carton.

Ce qu'il faut faire :

1. Choisis 10 rebelles ou contestataires canadiens.
2. Rédige une courte description (sous forme de questions) qui permettra de reconnaître chaque rebelle ou contestataire.
   Par exemple : en 1916, qui a forcé le gouvernement manitobain à permettre aux femmes de voter? (Nellie McClung). Qui était à la tête du soulèvement des Frères Chasseurs de 1838? (Robert Nelson). Qui a été élu premier maire de Toronto? (William Lyon Mackenzie).
3. Colle les 10 noms de rebelles ou de contestataires du côté gauche de la planche. Perce ou découpe un trou à côté de chaque nom.
4. Mélange les descriptions de façon à ce qu'elles **ne** soient **pas** à côté du nom auquel elles correspondent, puis colle les descriptions des rebelles ou des contestataires du côté droit de la planche. Perce ou découpe un trou à côté de chaque description.
5. Branche deux longs fils électriques du porte-piles à l'ampoule (ou à l'indicateur sonore) en un circuit simple, de façon à ce que lorsqu'on met les bouts de fils en contact l'un avec l'autre, la lumière s'allume (ou on entend un son).
6. Au dos de la planche, relie chaque nom à sa description au moyen de fils électriques. Fait passer un fil par les trous que tu as percés sur le dessus de la planche.
7. Lorsque tu mets en contact le bout du fil d'un nom avec celui de la description qui s'y rapporte, sur le dessus de la planche, tu complètes le circuit électrique et permets à la lumière de s'allumer (ou à l'indicateur sonore de se faire entendre). Ainsi, le joueur sait s'il a choisi la bonne réponse.
8. Tu peux ajouter des couleurs ou des dessins sur la planche pour la rendre plus attrayante.

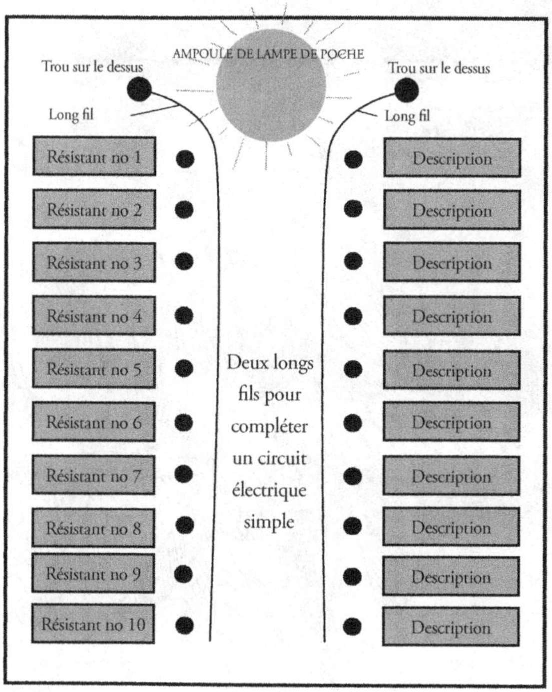

DESSUS DE LA PLANCHE

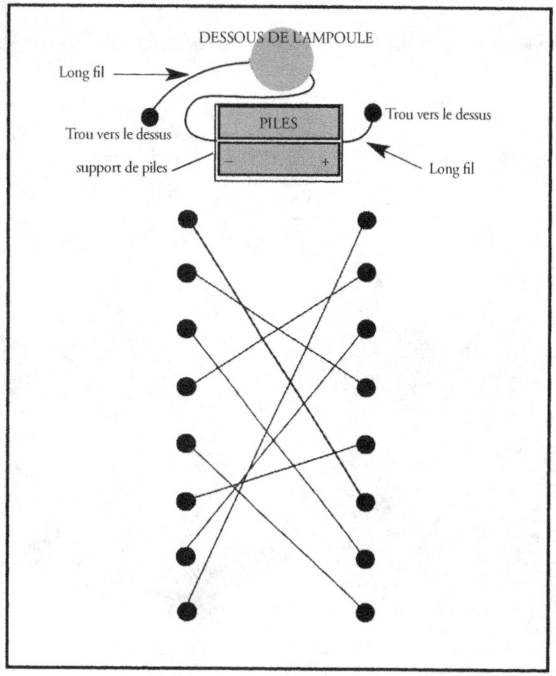

DESSOUS DE LA PLANCHE

CHAPITRE 5

Résistants autochtones et métis

Louis Riel, Gabriel Dumont, Big Bear et les autres

À mesure que le nouveau pays, le Canada, s'étend vers l'ouest, il fait face à de nouveaux obstacles et à de nouvelles résistances.

En janvier 1869, la puissante Compagnie de la Baie d'Hudson se laisse persuader de vendre la plus grande partie de son territoire dans le nord-ouest au gouvernement canadien pour la somme de 300 000 livres.

On n'a pas consulté les habitants de la colonie de la Rivière-Rouge et on ne les a même pas informés de la vente. Le gouvernement canadien nomme William McDougall, lieutenant-gouverneur de la nouvelle colonie, en remplacement du gouverneur Alexander McTavish de la Compagnie de la Baie d'Hudson. Le jeudi 2 novembre 1869, les Métis, insultés et soupçonneux, contestent la vente. (Le terme « Métis » décrit une personne d'ascendance à la fois autochtone et européenne.)

Soulèvement de la Rivière-Rouge

Des rumeurs d'un soulèvement possible se répandent déjà dans le village de Winnipeg. Des Canadiens qui viennent tout juste d'arriver de l'Est sont terrorisés. Une armée métisse avance vers Fort Garry, le poste de traite de la Compagnie de la Baie d'Hudson, à la jonction des rivières Rouge et Assiniboine. Le groupe de 120 combattants armés franchit les portes ouvertes et non gardées du fort et l'occupe sans rencontrer de résistance.

Lower Fort Garry

Leur chef est Louis Riel, un Métis né le 22 octobre 1844 à Saint-Boniface. Louis était un bon élève. C'est pourquoi, à l'âge de 13 ans, monseigneur Taché l'avait envoyé étudier à Montréal pour devenir prêtre. Découvrant qu'il n'avait pas la vocation, Riel revient au Manitoba.

Le 16 novembre 1869, les Métis créent le Comité national des Métis de la Rivière-Rouge. John Bruce en est le président et Louis Riel le secrétaire. Ils refusent de laisser McDougall occuper Fort Garry parce que ce dernier ne doit entrer en fonction à titre de gouverneur qu'en décembre.

Huit jours plus tard, ils émettent une déclaration des droits de la colonie. Tout ceci se déroule pacifiquement. Riel, orateur ardent, est élu président après la démission de John Bruce. Riel gouverne la colonie pendant des mois durant ses négociations avec le gouvernement canadien en vue de faire entrer le Manitoba dans la confédération canadienne.

Un colon de l'Ontario, appelé Thomas Scott, est emprisonné pour avoir tenté de renverser les résistants métis. Scott continue de défier Riel et est exécuté le 4 mars 1870.

En mai, le soulèvement de la Rivière-Rouge a donné des résultats sur le plan politique. Ottawa garantit les droits de la population du Manitoba dans une nouvelle union avec le Canada. Mais lorsque le colonel Garnet Wolseley arrive avec quelques centaines de soldats agressifs, Louis Riel s'enfuit aux États-Unis parce qu'on a mis sa tête à prix.

Bien qu'il soit désormais un hors-la-loi, la population considère Louis Riel comme un héros et l'appelle le « Père du Manitoba ». Il est élu au parlement canadien en 1874. Toutefois, lorsque Louis se présente à Ottawa, on l'expulse de la Chambre des Communes et on le bannit du Canada pour une période de cinq ans. Il vivra donc les 15 années suivantes en exil.

La personnalité de Louis Riel change alors du tout au tout. Il passe deux ans dans un asile d'aliénés, adopte le nom biblique de « David, » et se marie. Louis se considère maintenant comme un prophète et attend que son peuple le rappelle pour le servir.

Prince des Plaines

Gabriel Dumont, appelé le « Prince des Plaines », est né en 1838 dans le territoire qui deviendra la Saskatchewan. Ses parents sont tous deux métis. Il a grandi en chassant le bison sur de petits chevaux rapides appelés « coureurs de bison ».

Dumont est apprécié et reconnu par son peuple. Il est le plus jeune à avoir été élu pour diriger la grande chasse au bison. C'est un chef né et on dit qu'il a le don de guérir les blessures.

Au fur et à mesure que le chemin de fer et les colons envahissent les Prairies, Dumont commence à voir disparaître les troupeaux de bisons dont les Métis

Gabriel Dumont

et les Autochtones des Prairies dépendent pour la nourriture et l'habillement. Inquiets pour leur survie, les Métis veulent protéger leurs terres et obtenir les titres de leurs fermes aux abords de la rivière Saskatchewan Sud. Le gouvernement ne tient pas compte de leurs préoccupations.

Gabriel et trois autres chefs métis décident de se rendre au Montana, aux États-Unis. Ils veulent que Louis Riel défende leur cause, lui qui a obtenu la garantie des droits de la population du Manitoba dans la nouvelle confédération du Canada.

En juin 1884, Riel enseigne dans une école du Montana. Il accueille les quatre visiteurs avec enthousiasme, ces Métis poussiéreux qui viennent de parcourir 1 000 kilomètres depuis la Saskatchewan. Riel s'agenouille pour remercier Dieu, car il croit que son peuple en esclavage le sollicite comme son *David*.

Riel revient au Canada pour entreprendre des négociations pacifiques. Mais le gouvernement d'Ottawa l'ignore et les Métis instaurent alors un gouvernement provisoire.

Soulèvement du Nord-Ouest (1885)

Le soulèvement commence lorsque 200 Métis attaquent 56 représentants de la Police à cheval du Nord-Ouest et 41 volontaires loyalistes au lac aux Canards, en Saskatchewan. Un des premiers coups de feu tirés atteint le jeune frère de Gabriel Dumont et une autre balle d'un fusil Snider laisse une marque permanente sur le crâne de ce dernier ainsi que dans ses longs cheveux noirs.

Dans la confusion de la bataille, un personnage sans arme en habit noir brandit une croix : c'est Louis Riel. Il chevauche entre les balles, encourageant son peuple. Les policiers à cheval, commandés par le major Leif Newry Fitzroy Crozier, doivent battre en retraite. Dumont veut poursuivre les ennemis en déroute et tuer les survivants. Mais Riel s'oppose à ce que du sang soit encore versé. Dumont, son lieutenant-général, obéit et rappelle les fameux tireurs que sont ses chasseurs de bisons. Douze policiers à cheval du Nord-Ouest perdront la vie au lac aux Canards. On comptera cinq morts du côté des Métis.

Les jours suivants, la violence fait rage. Sir John A. Macdonald envoie 8 000 soldats sous le commandement de Frederick Dobson Middleton, afin de mater la rébellion du Nord-Ouest. Lorsque les soldats arrivent près de Fish Creek, Dumont attaque une force supérieure en nombre, armée de canons et d'une nouvelle arme à feu, le fusil Gathling.

La guérilla métisse s'enlise à Batoche. Après trois jours de combats désespérés, les Métis manquent de munitions. Ils en sont réduits à charger leur arme de clous, de pierres et de boutons de métal.

Après la défaite de Batoche, Gabriel Dumont s'enfuit aux États-Unis. Louis Riel erre sans but dans la prairie sauvage pendant des jours avant de décider de se rendre. Il subit son procès pour trahison à Regina. Louis Riel est déclaré coupable et pendu.

Rebelles autochtones

La plupart des Autochtones de l'Ouest ont choisi d'accepter l'expansion du chemin de fer vers l'ouest et l'arrivée de nouveaux colons.

Crowfoot, chef pied-noir, négocie le passage du Canadien Pacifique sur son territoire avec l'aide de son ami le père Albert Lacombe en qui il a confiance. Le chef sioux Sitting Bull évite aussi la violence et les bains de sang en optant plutôt pour un dialogue pacifique.

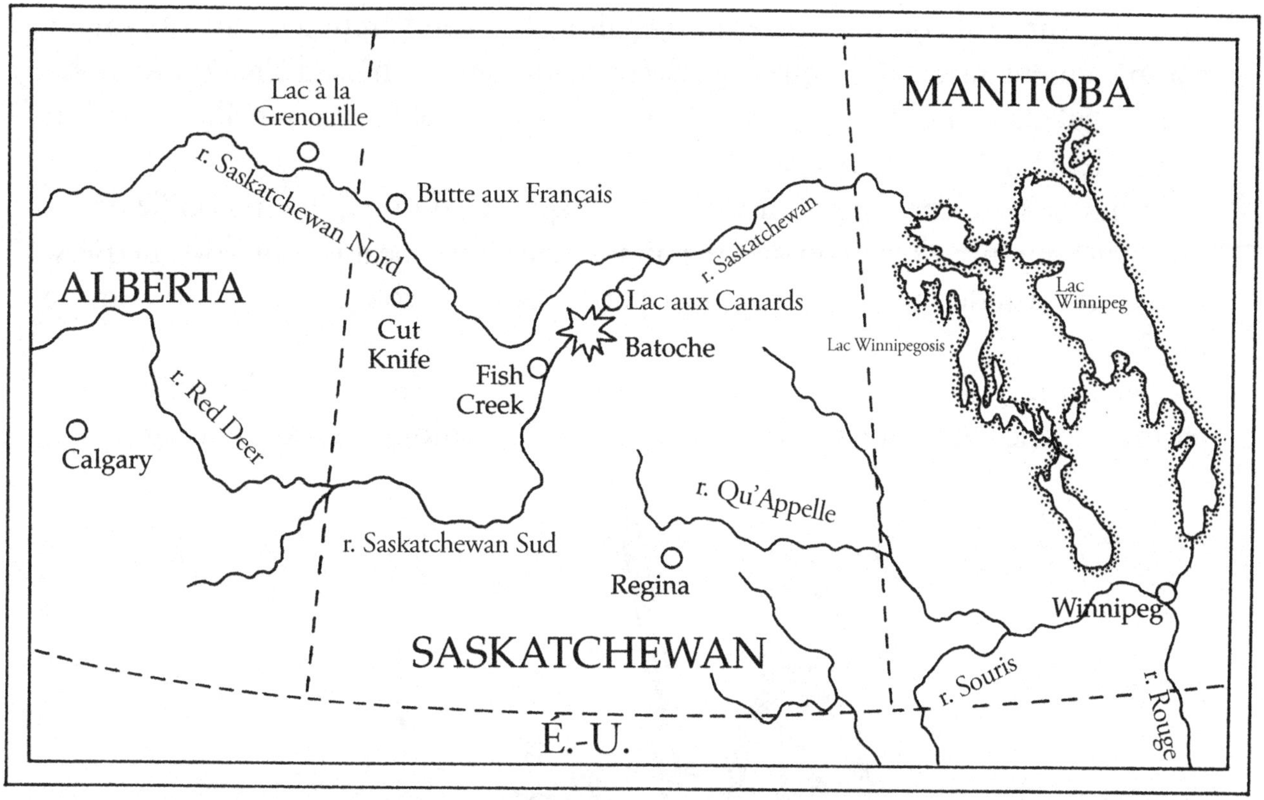

Toutefois, certains chefs autochtones participent au soulèvement du Nord-Ouest. Au sud, Poundmaker, chef cri, se joint aux Métis et permet à ses braves de piller et d'incendier la colonie de Battleford.

Big Bear

Au nord, un chef cri appelé Big Bear résistait à l'agent Thomas Quinn qui voulait forcer la bande à s'installer sur une réserve.

Son chef de guerre, Wandering Spirit, attaqua la colonie du lac à la Grenouille, en avril 1885, sans tenir compte de la désapprobation de son chef. Ses guerriers massacrèrent neuf colons blancs (dont Quinn) et incendièrent les lieux qui furent complètement rasés. Bien que Big Bear, vieillissant, se hâta d'aller prévenir les colons du massacre, il ne put empêcher le sang de couler. La rébellion eut lieu malgré les efforts de Big Bear.

Un des prisonniers blancs qui survécut à l'épreuve du lac à la Grenouille décrit une scène qui survint trois ou quatre jours plus tard. Big Bear parlait à 60 guerriers, y compris Wandering Spirit. Big Bear parlait fort. En colère, il rugissait comme un lion :

« J'étais un chef. Il y a longtemps, j'ai combattu les Pieds-noirs. Aucun homme parmi vous ne peut faire ce que j'ai fait. Toutes les nations du sud, les Blood, les

Piégans, les Pieds-noirs, les Crow, les Sioux savaient que Big Bear était le grand chef de tous les Cris. En ce temps-là, si je disais quelque chose, vous m'écoutiez, vous m'obéissiez. Mais maintenant, si je dis une chose, vous en faites une autre! »

Dans une conclusion théâtrale, Big Bear agita les bras devant la figure de Wandering Spirit et des autres qui tous baissèrent les yeux, puis pointa dans la direction des ruines fumantes du fort du lac à la Grenouille.

Il resta ainsi un moment, son visage vibrant d'émotion, puis s'enveloppa dans sa couverture et les quitta.

Lorsque le rebelle Wandering Spirit essaya d'amener les Cris à se fâcher contre leurs prisonniers, Big Bear l'en empêcha en prenant la défense des Blancs et en demandant à son peuple de manifester de la pitié pour les captifs.

Plus tard, les jeunes braves cris assiégeront Fort Pitt. Encore une fois, Big Bear usera de son influence pour faire évacuer les habitants sans perte de vie. Fort Pitt sera rasé par les Cris, mais sans qu'on ne déplore un seul décès.

Lorsque les policiers à cheval du Nord-Ouest arriveront en grand nombre pour attaquer les Cris à la Butte aux Français, les guerriers de Big Bear remporteront la victoire. Mais le vieux chef, dans sa sagesse, sachant qu'il ne servirait à rien de lutter se rendra, sera traduit en procès pour trahison, puis déclaré coupable. Après deux ans d'emprisonnement au pénitencier de Stoney Mountain, Big Bear sera relâché, et s'éteindra presque aussitôt durant l'hiver 1888.

Martyr ou fou?

Louis Riel se rendit plutôt que de s'enfuir aux États-Unis comme Gabriel Dumont. Il espérait, qu'une fois en Cour, il embarrasserait le gouvernement canadien à tel point qu'il serait relâché et que les Métis obtiendraient les titres de leurs terres.

Riel refusa d'écouter son avocat qui lui conseillait de plaider la folie lors de son procès pour trahison à Regina. Le 1er août 1885, après seulement une heure de délibération, le jury, entièrement anglophone, le déclara coupable. Il fut condamné à la pendaison.

Prison ouverte

Après la condamnation de Louis Riel pour trahison, sir John A. Macdonald fut submergé de pétitions l'implorant de ne pas exécuter le rebelle. Le Canada francophone prenait le parti de Louis Riel. Macdonald était aux prises avec un dilemme politique.

Les descendants des policiers à cheval du Nord-Ouest qui avaient gardé Louis Riel pendant sa détention en attendant son exécution ont prétendu que, selon une politique non officielle, on ne verrouillait jamais la cellule de Louis Riel et qu'un cheval sellé et chargé de provisions l'attendait tout près, invitant Riel à s'enfuir aux États-Unis. Il n'en fit rien et fut pendu en 1885.

Du rire aux larmes

Lors de son procès pour trahison, Big Bear s'exprima par la bouche d'un interprète, non pour lui-même, mais pour son peuple :

> *Je suis maintenant enchaîné et je vais être envoyé en prison. Je ne doute aucunement que les beaux visages que j'admire devant moi aient la compétence de gouverner le territoire.* (Rires de l'auditoire)
>
> *Désormais je suis mort pour mon peuple. Nombreux sont ceux qui se cachent dans les bois, paralysés de terreur. Est-ce que ce tribunal ne pourrait pas leur pardonner? Mes propres enfants sont peut-être en train de mourir de faim et exclus, ayant trop peur de se montrer au grand jour. Si le gouvernement ne les aide pas avant l'hiver, ma bande va périr... Je suis vieux et laid, mais j'ai essayé de bien faire. Ayez pitié des gens de ma tribu! Ayez pitié des vieux et des plus vulnérables de mon peuple! Je n'ai qu'une seule parole… Allez leur dire que vous leur pardonnez, et aidez-les!*

Lorsqu'il eut fini de parler, un silence solennel tomba sur l'assemblée présente au tribunal.

• *À RÉALISER TOI-MÊME* •

Fabrique des cartes de résistants à collectionner

Les rebelles et contestataires canadiens méritent d'avoir leur propre collection de cartes. Crée ta propre version de cartes de résistants canadiens.

Ce qu'il te faut :

Une illustration ou une photographie représentant le buste de chaque rebelle ou contestataire canadien. (Tu peux tracer ou photocopier les illustrations de ce livre ou d'autres livres. Tu peux aussi les télécharger d'un site Internet, mais assure-toi d'indiquer tes sources. Si tu te débrouilles bien en dessin, tu peux faire toi-même un portrait de chacun.) Tu dois réduire les illustrations pour qu'elles aient toutes la même taille.
Bout de carton par carte (d'environ 6 cm sur 9 cm)
Colle
Pinceau, craies ou crayons de couleur

Ce qu'il faut faire :

1. Crée le recto de la carte.
   a) Colle une illustration du résistant sur le premier côté de la carte. (Décide d'abord de la taille des illustrations. Dessine ou peint une bordure tout autour.)
   b) Au-dessus ou au-dessous de l'illustration, inscrits le nom de la personne. (Tu peux l'écrire à la main ou taper le nom sur une petite feuille blanche, puis la coller à l'endroit voulu sur la carte.)

Ce qu'il faut faire (suite) :

Remarque : Si tu crées plus d'une carte, ou si tu fais cette activité avec des amis ou tes copains de classe, assure-toi que toutes les illustrations et les lettres soient de la même taille.

2. Crée le verso de la carte.
   a) Écris à la main ou à l'ordinateur une brève description de la personne. En raison de quelle activité surtout considère-t-on ce personnage comme un rebelle ou un contestataire?
   Par exemple :
   Il était le chef du Parti Patriote du Bas-Canada en 1837. (Louis-Joseph Papineau)
   C'est le seul politicien fédéral à avoir été assassiné au Canada.
   (Thomas D'Arcy McGee)
   b) Tu pourrais aussi ajouter une deuxième description brève ou un surnom.
   Par exemple :
   On l'appelle le « Père du Manitoba ». (Louis Riel)
   Il a changé son nom de Bill Smith à Amor de Cosmos, qui signifie « Amoureux de l'univers ».
   (Tu peux écrire à la main ou à l'ordinateur la description de la personne sur une petite feuille blanche, puis la coller à l'endroit voulu au verso de la carte.)

3. Avec un pinceau, des craies ou des crayons de couleur, ajoute de la couleur à ton illustration ou à la bordure, ou décore la bordure. (Tu peux décider que toutes les cartes de la série seront de la même couleur, ou choisir une couleur différente pour chacune.)

Recto de la carte
(Colle ici une illustration et le nom du rebelle ou du contestataire.)

Illustration du rebelle ou du contestataire

Nom du rebelle ou du contestataire

Verso de la carte
(Colle ici une description du rebelle ou du contestataire.)

Description du rebelle ou du contestataire

CHAPITRE 6

Résistants sociaux

James Barry, Norman Bethune et les autres

Tous les rebelles ou contestataires n'ont pas eu recours aux armes ou aux mots pour promouvoir leur cause. Certains protestent contre les attitudes et les conventions sociales par leur style de vie. En effet, par leur façon de vivre, ils affirment leur désaccord et deviennent un exemple pour les autres.

En 1857, le Dr James Barry est nommé inspecteur général des hôpitaux du Haut-Canada et du Bas-Canada. C'est la plus haute fonction médicale au pays. Le Dr Barry exerce son autorité sur les hôpitaux de Montréal, Kingston, Québec et Toronto.

Après avoir obtenu son diplôme de l'Université d'Édimbourg en Grande-Bretagne, en 1812, James Barry exerce la médecine en qualité de soldat partout dans le monde. Au Cap, en Afrique, le jeune médecin effectue une des premières césariennes qui permettra de sauver l'enfant et la mère. Toujours en Afrique, affligé par les piètres conditions de vie des détenus des léproseries, des prisons et des asiles d'aliénés, le jeune médecin proteste. Les réformistes ne sont pas bien vus. À force de critiquer, il se fait des ennemis qui s'en prennent à lui en l'insultant sur son apparence.

Le Dr Barry sort de l'ordinaire. Il est efféminé et marche en se donnant des airs importants. Le talentueux médecin ne mesure que 1,50 mètre. Il est frêle et mince. Il a de petites mains toutes délicates et de grands yeux. Il a la peau douce et soyeuse. Son apparence suscite les commérages. Le fait que ce curieux petit médecin aux cheveux roux refuse de boire avec les autres officiers ou d'échanger des histoires ou des blagues grivoises attire encore plus l'attention.

Mais personne n'ose critiquer ouvertement James Barry. Le médecin s'emporte facilement et a déjà provoqué en duel un homme qui l'avait insulté. Il s'est même déjà fait arrêter et escorter chez lui en raison de son comportement agressif. Malgré son étrange personnalité, tout le monde respecte le Dr Barry pour son savoir-faire et ses connaissances médicales.

Le retour au Canada du Dr Barry, nommé inspecteur général des hôpitaux, attire immédiatement l'attention sur lui et il se fait des ennemis. La passion de James pour les chapeaux à cornes ornés de plumes et les uniformes à épaulettes le rend presque ridicule. Partout où il va, le petit médecin se pavane en trimbalant maladroitement son épée. Emmitouflé dans des fourrures de bœuf musqué, James parcourt les rues de Montréal dans un traîneau rouge vif orné de clochettes en argent. L'excentrique médecin se fait toujours accompagner d'un valet de pied en uniforme, d'un cocher, d'un serviteur noir de grande stature et d'un petit chien blanc.

James Barry est végétarien et insiste pour ne consommer que des fruits, des légumes et du lait. Malgré son régime personnel, le médecin désapprouve la nourriture malsaine que l'on sert aux troupes canadiennes et exige qu'on remplace « l'éternel repas de bœuf bouilli et de soupe » par du mouton salé et de la viande rôtie au four.

S'efforçant toujours d'améliorer les conditions de vie des soldats, le Dr Barry déclare que les installations de drainage et d'évacuation des eaux usées des casernes sont inadéquates et malsaines et qu'il faut y remédier. À cette époque, les soldats mariés dorment avec leur épouse dans la même caserne que les autres soldats. James insiste pour que les soldats mariés soient logés dans des quartiers privés. Au Canada, comme partout ailleurs, Barry est considéré comme un étrange petit rebelle, bien que des plus compétents quant à son travail.

Atteint de bronchite et souffrant de la grippe, le médecin malade est forcé de prendre sa retraite. Six ans plus tard, en 1865, James Barry meurt à l'occasion d'une épidémie de diarrhée. Le major McKinnon, le chirurgien de l'état-major qui signe le certificat de décès, n'a jamais aimé le Dr Barry et ne prend même pas la peine d'examiner le corps.

C'est une femme de ménage, Mme Bishop, qui découvre le secret du Dr Barry au moment de préparer le corps pour les funérailles. Le Dr James Barry était une femme! Selon Mme Bishop, le corps du médecin montrait des signes évidents qu'elle avait déjà été enceinte.

À cette époque, il était impossible pour une femme d'étudier la médecine à l'université. Pendant 20 ans, Miranda Stuart s'était déguisée en homme et avait exercé la profession de chirurgien sous le nom de James Barry. D'abord embarrassées, les autorités contredisent les dires de la femme de ménage. Le corps est enterré à la hâte.

Mais les rumeurs et les ragots se répandent jusque dans les journaux. Ce n'est qu'alors que deux anciens collègues du Dr Barry viennent confirmer la découverte de la femme de ménage. À Trinidad, le Dr Barry atteint de la fièvre jaune avait frôlé la mort. L'aide-chirurgien et un autre témoin avaient découvert son secret en l'examinant. Elle avait alors repris conscience et leur avait fait jurer de ne jamais le dévoiler.

La première femme médecin du Canada est aussi la première femme médecin du monde.

Norman Bethune

Norman Bethune est un autre médecin canadien ayant la réputation de lutter contre les conventions. Personne n'aurait pu prédire qu'un jeune garçon de la petite ville ontarienne de Gravenhurst deviendrait un héros de la révolution pour des millions de gens, dans un pays lointain comme la Chine. Bethune a mené une vie très active, violente et périlleuse. Sa conception de la vérité a fini par le mener à sa perte.

Norman est encore étudiant quand la Première Guerre mondiale éclate. En bon patriote, il décide de quitter l'école de médecine pour s'enrôler dans l'armée comme brancardier. En Europe, il est grièvement blessé à la jambe par un éclat d'obus alors qu'il tente de secourir un autre soldat canadien pendant un barrage d'artillerie. Il passera donc les six mois suivants à l'hôpital.

De retour à Toronto, il termine ses études de médecine et s'enrôle de nouveau, cette fois en tant que médecin à bord d'un navire de guerre sur l'Atlantique.

Maladie mortelle

Après la guerre, Bethune choisit d'aider les gens des quartiers pauvres qui ne peuvent se payer des traitements médicaux. Il découvre soudainement qu'il est très malade. Une radiographie révèle qu'il est atteint de tuberculose pulmonaire. Il n'existe aucun traitement. Admis au sanatorium Trudeau, dans l'état de New York, il attend la mort.

Il décide de profiter pleinement des derniers jours qu'il lui reste à vivre. Il se rebelle contre les règles que lui imposent ses médecins. Il fume et boit avec les autres patients jusqu'aux petites heures du matin. À cette époque, l'alcool est illégal. Bethune enfreint donc également les lois de la société.

Alors que la maladie mortelle continue d'envahir son corps, Bethune lit un article dans un livre de médecine sur un nouveau traitement. D'après cet article, si le poumon infecté est délibérément perforé et qu'il s'affaisse, cela peut empêcher la dissémination de la maladie dans l'organisme. Il a le choix de vivre quelques années dans l'attente d'une mort certaine ou de s'offrir comme cobaye d'une théorie non encore expérimentée. Il prend le pari et gagne.

Deux mois après l'opération, il est guéri et quitte le sanatorium. Il retourne à Montréal et se spécialise dans l'aide aux patients qui, comme lui, attendent tout simplement la mort. Son habileté de chirurgien devient légendaire. Il écrit des articles médicaux sur le sujet et invente de nombreux instruments chirurgicaux. Il devient un chirurgien thoracique de renommée mondiale. Au sujet de sa nouvelle conception de la vie, il déclare : « Seules des personnes ennuyeuses et sans imagination peuvent rester couchées dans un sanatorium pendant un an sans réussir à devenir quelqu'un de bien, de meilleur. »

Médecine sociale

Dans les années 1930, c'est l'indiscipliné Norman Bethune qui se bat pour mettre en place une médecine sociale au Canada. À cette époque, les pauvres meurent parce qu'ils ne peuvent pas se payer de traitements médicaux. Ses opinions sont considérées comme radicales et procommunistes. Au YMCA de Verdun, à Montréal, il offre gratuitement des soins médicaux aux pauvres.

Espagne

En 1936, lorsque la guerre civile et la révolution éclatent en Espagne, Bethune part à l'étranger pour se joindre aux loyalistes contre l'armée de Franco. Les forces armées de Franco reçoivent l'appui de dictateurs comme Mussolini en Italie et Hitler en Allemagne. Par conséquent, des civils innocents se font impitoyablement massacrer.

En Espagne, l'imagination de Bethune révolutionne la médecine sur les champs de bataille. Puisque la guerre fait rage de tous les côtés, il met en œuvre un service mobile canadien de transfusion sanguine. Il fournit du sang aux blessés directement sur le champ de bataille. Il sauve de nombreuses vies de cette façon puisque les blessés n'ont pas à attendre d'être transportés dans un hôpital. Cependant, Bethune se bat du côté des perdants. En effet, la victoire sourit au dictateur Franco et à son armée.

Chine

En 1938, Bethune décide de faire bénéficier le nord de la Chine de ses compétences médicales et se joint à l'armée révolutionnaire communiste dirigée par Mao Tse-Toung. Mao accueille Bethune et le nomme médecin en chef de l'Armée rouge. Les connaissances en matière de médecine et les installations sont rudimentaires. Bethune doit travailler sans fournitures médicales, sans médicaments et sans les fonds nécessaires.

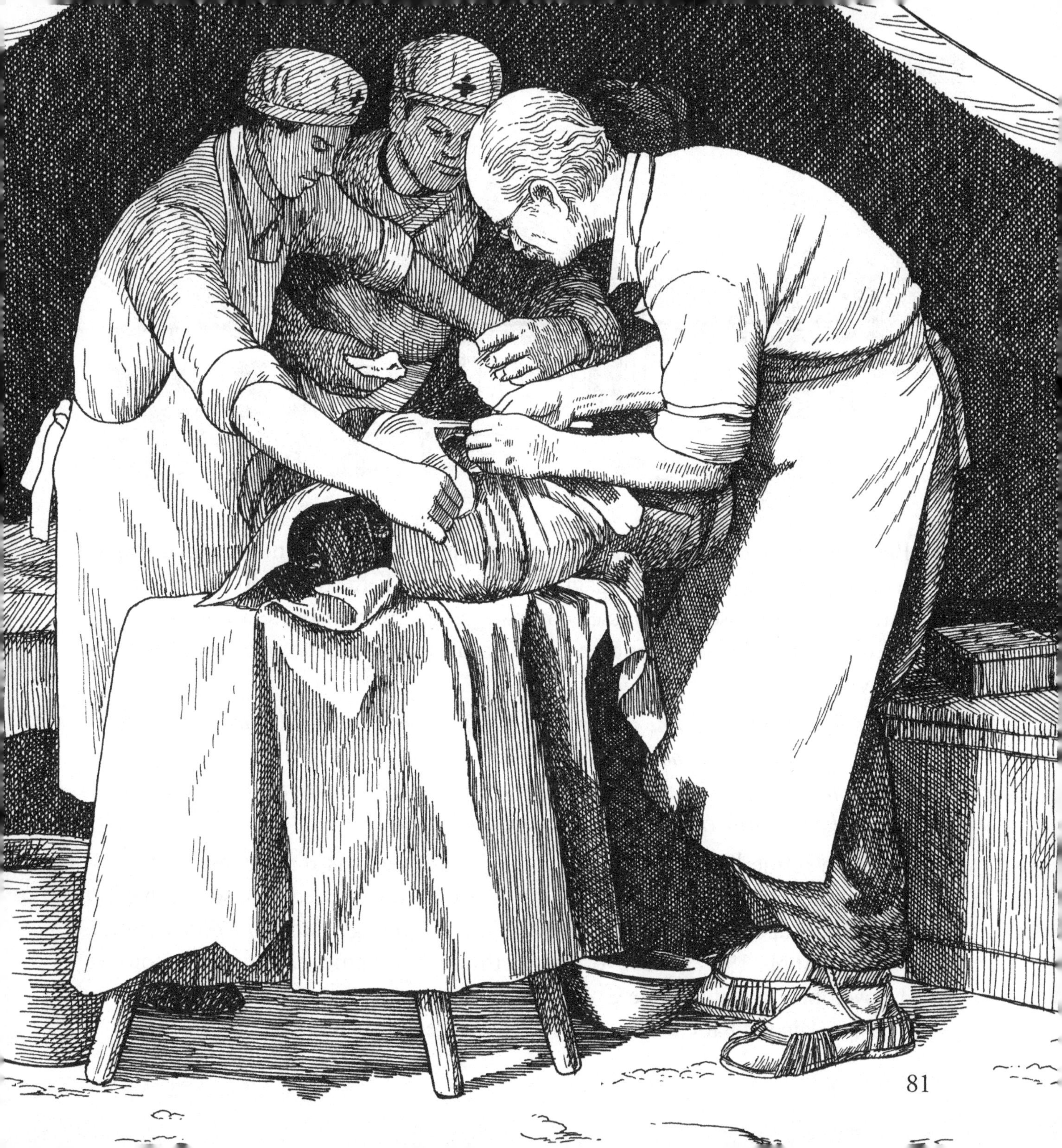

Bethune forme des milliers de Chinois et improvise constamment. Par exemple, il conçoit un hôpital de campagne (permettant d'effectuer 100 opérations et contenant 500 pansements) assez compact pour être transporté à dos de mulets dans d'étroits couloirs de montagne. Deux mulets suffisent au transport. Malgré les épreuves, il écrit :

> *Je n'ai pas de morphine pour soulager leur douleur et quand je leur fais mal, comme parfois j'y suis obligé, ils se lamentent comme des petits enfants. J'ai opéré toute la journée : 10 cas dont 5 étaient très graves. Je suis fatigué, mais je ne me rappelle pas avoir été aussi heureux depuis longtemps.*

Bethune se tue littéralement à la tâche dans ses efforts d'aider les révolutionnaires chinois blessés. Une petite coupure, qu'il s'est infligée avec son scalpel au cours d'une opération, s'infecte. L'infection se propage dans son corps épuisé. Le 13 novembre 1939, le Dr Norman Bethune rend l'âme. De nos jours, tous les 13 novembre, un milliard de Chinois honorent le héros, le médecin contestataire qu'ils appelaient « Pai Chu En » ou « l'envoyé de race blanche ».

Réformiste de Terre-Neuve

William Carson, un médecin écossais, est arrivé à St. John's en 1808. Alarmé par les piètres conditions de vie des colons, il réclame des réformes sociales et un gouvernement responsable. Ses opposants font circuler des mensonges à son sujet dans les journaux et dans les rues, mais en 1832, le médecin au franc-parler réussit à mettre en place la première Chambre d'assemblée élue de Terre-Neuve.

Florence Nightingale

La célèbre infirmière Florence Nightingale est en service pendant la guerre de Crimée lorsqu'elle rencontre le Dr James Barry. Elle ne sait pas que le médecin est une femme. Plus tard, elle se plaint du fait que Barry l'a réprimandée publiquement, assis sur son cheval alors qu'elle se tenait debout sous un soleil brûlant.

Il m'a fait rester debout au milieu d'une foule de soldats, de préposés à l'intendance et de civils, chacun d'eux se comportant en gentleman pendant que cette brute de médecin me réprimandait. Je dois dire qu'il est la créature la plus dure qu'il m'ait été donné de rencontrer.

Femmes médecins contestataires

Au Canada, Emily Stowe ne peut pas aller à l'école de médecine, car on n'y admet pas les femmes. Elle décide donc d'aller étudier aux États-Unis où certaines écoles acceptent des étudiantes. Elle obtient son diplôme en 1867 (dix ans après que le Dr James Barry ait été nommé médecin-chef au Canada). Emily revient au Canada et ouvre le premier cabinet médical dirigé par une femme, mais le collège des médecins et chirurgiens de l'Ontario ne la reconnaîtra pas en tant que médecin parce qu'elle n'a pas reçu son permis d'exercice au Canada. En 1875, une autre femme, Ginny Trout, devient également médecin aux États-Unis. Elle passe ensuite l'examen canadien et devient la première femme reconnue en tant que médecin au Canada. En 1880, Emily obtient elle aussi son permis d'exercer au Canada et en janvier 1883, sa fille, Augusta Stowe, devient la première femme à obtenir son diplôme d'une école de médecine canadienne.

Femmes politiques contestataires

À quinze ans, Nelly McClung enseignait déjà. Plus tard, elle aura cinq enfants et deviendra auteur, puis une conférencière influente avant de se lancer en politique, ce qui est à contre-courant des conventions pour une femme. Au Canada, dans les années 1880, la femme n'est pas considérée comme une personne au regard de la loi. Elle n'a aucune protection juridique. Une fois mariée, tous ses biens, ses enfants et ses revenus deviennent la propriété de son mari. Il est même légal pour un homme de battre sa femme et ses enfants. Nellie se bat pour les droits des femmes et, le 27 janvier 1916, elle réussit à obliger les politiciens du Manitoba à accorder aux femmes le droit de voter et de se présenter aux élections. Quelques mois plus tard, les femmes obtiennent les mêmes droits en Saskatchewan et en Alberta. En 1921, Nellie est élue à l'Assemblée législative de l'Alberta.

En 1917, les femmes autorisées à voter à l'échelle provinciale se voient aussi accorder le droit de vote aux élections fédérales. Agnes Campbell McPhail, d'Owen Sound en Ontario, devient la première femme élue au Parlement du Canada en 1921. Le 25 avril 1940, le Québec est la dernière province à accorder aux femmes le droit de voter et d'occuper un poste au gouvernement.

DROIT DE
VOTE AUX
FEMMES
L'ÉGALITÉ
POUR LES
MES
DES ACT
ET NON
DES MOTS
DROIT DE
VOTE AUX
FEMMES

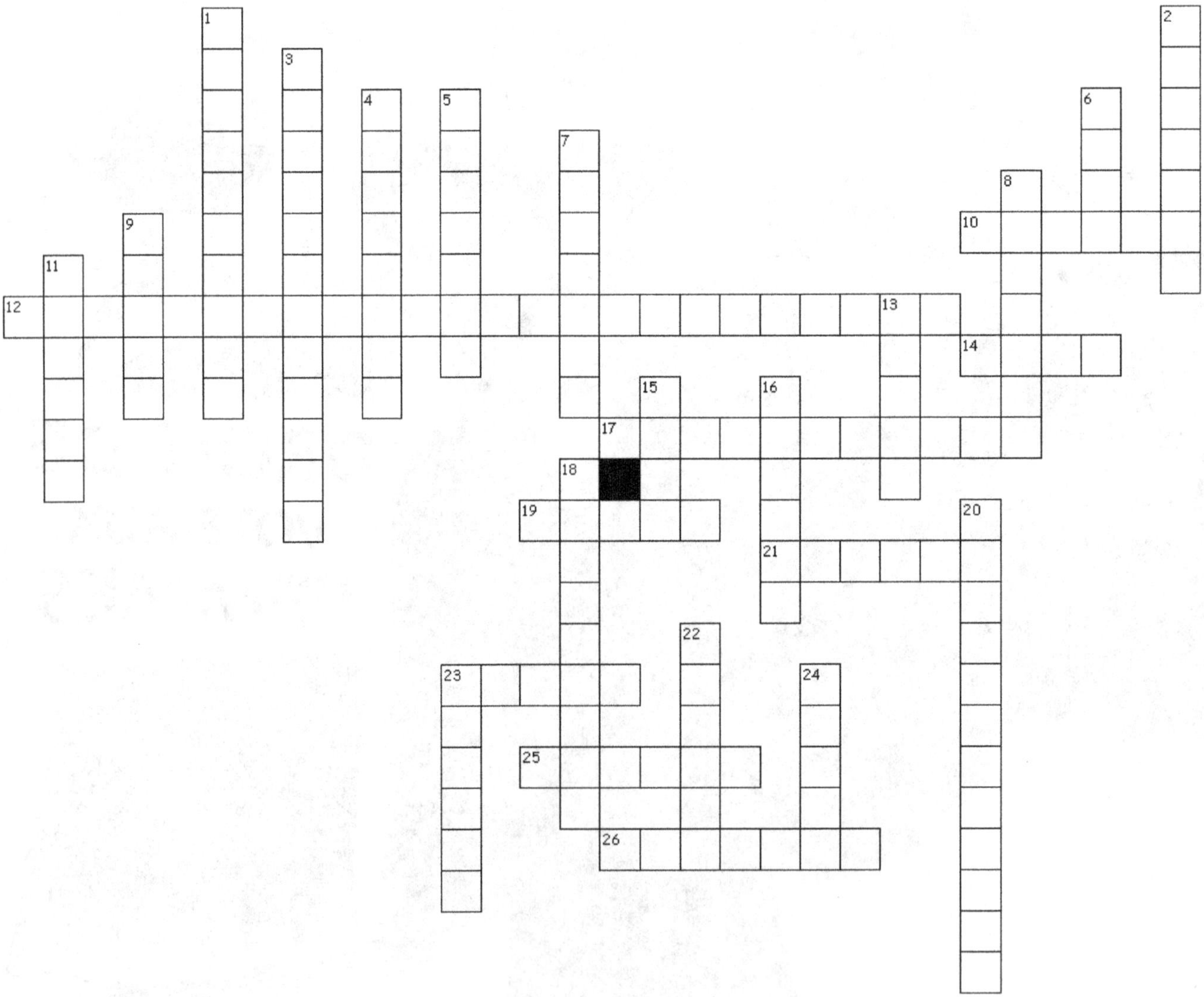

• À RÉALISER TOI-MÊME •

Mots croisés sur les rebelles et contestataires canadiens

HORIZONTALEMENT

10. Résistant fénien qui a été exécuté pour le meurtre de Thomas D'Arcy McGee.
12. Célèbre corps policier canadien qui a combattu les résistants métis.
14. Fort incendié par les résistants cris.
17. Terme qui sert à désigner un contestataire qui s'est battu pour obtenir le gouvernement responsable.
19. Première femme médecin du monde et du Canada.
21. Ville où s'est tenu le procès de Louis Riel pour trahison.
23. Agent tué par les résistants cris.
25. Femme de ménage qui a découvert le secret de James Barry.
26. Lieu où les résistants métis ont connu la défaite.

VERTICALEMENT

1. Taverne où les rebelles avaient leur quartier général dans le Haut-Canada.
2. Pays d'Europe où un médecin canadien a aidé les loyalistes.
3. Ce nom signifie « Amoureux de l'univers ».
4. Chef rebelle du Bas-Canada.
5. Chef cri déclaré coupable de trahison.
6. Résistant appelé le « Père du Manitoba ».
7. Son nom chinois signifie « L'envoyé de race blanche ».
8. Rebelle patriote qui est décédé à Saint-Eustache.
9. Pays où un médecin contestataire a travaillé et est décédé.
11. Première personne tuée durant la rébellion du Haut-Canada.
13. Colon ontarien qui a été exécuté par le gouvernement provisoire de Louis Riel.
15. Officier britannique tué par les rebelles patriotes du Bas-Canada.
16. Déguisement utilisé par le contestataire Thomas D'Arcy McGee pour échapper à la capture.
18. Chef rebelle du Haut-Canada.
20. Province où s'est déroulé le soulèvement du Nord-Ouest en 1885.
22. Résistant métis appelé le « Prince des Plaines ».
23. En 1837, cette province s'appelait le Bas-Canada.
24. Nom véritable de « Amoureux de l'univers ».

Réponses aux mots croisés sur les rebelles et contestataires canadiens

HORIZONTALEMENT

10. Whelan
12. Police à cheval du Nord-Ouest
14. Pitt
17. Réformateur
19. Barry
21. Regina
23. Quinn
25. Bishop
26. Batoche

VERTICALEMENT

1. Montgomery
2. Espagne
3. Armor de Cosmos
4. Papineau
5. Big Bear
6. Riel
7. Bethune
8. Chénier
9. Chine
11. Moodie
13. Scott
15. Weir
16. Prêtre
18. Mackenzie
20. Saskatchewan
22. Dumont
23. Québec
24. Smith

Index du livre intitulé Les rebelles

Activités

Construis un jeu de table électronique 55-57
Fabrique des cartes à collectionner 71-73
Invente un slogan et fabrique une bannière 16-17
Mots croisés 86-88
Publie un journal ou une page Internet. 34-35

Faits et gestes

Assassinat 41
Acte de l'Amérique du Nord britannique 40, 54
Bataille d'Odelltown 12-13
Bataille de Saint-Charles 4, 10
Bataille de Saint-Denis 4, 7
Bataille de Saint-Eustache 7, 10, 11
Bataille de Windsor 32
Bataille du moulin 30-31
Caroline 27
Chasseurs 12-13
Chine 78, 80-82
Citoyens loyalistes 43
Colombie-Britannique 49-50
Contestataire de la ponctuation 54
Défense d'un rebelle 33
Déguisé en femme 33
Deuxième soulèvement (Haut-Canada, décembre 1837) 25-26
Espagne 80
Exécution publique 43
Exode des rebelles 33
Femme-espionne 33
Femmes médecins contestataires 83-84
Femmes politiques contestataires 84
Île Fighting 29
Île Navy 26-28
Île Pelee 29
Incendie du parlement 14
Liberté de presse 44-46
Loyalistes noirs 32-33
Majorité réformiste 20
Martyr ou fou? 68
Médecine sociale 80
Position de l'église 14
Prémonition de sa propre mort 41
Prison ouverte 69-70
Réformiste de Terre-Neuve 83
Résistante noire 54
Résistants autochtones 64-68, 70
Ruée vers l'or 46-48
Scandale du Pacifique 52
Short Hills 30
Soulèvement de la Rivière-Rouge 59-61
Soulèvement des Chasseurs 12-13
Soulèvement du Nord-Ouest 63-65
Taverne de Montgomery 24-25
Volontaires loyalistes 28

Références géographiques

Alberta 84
Batoche 63
Butte aux Français 68
Colombie-Britannique 48, 50-53
Ecles Hill 36
États-Unis d'Amérique/É.-U./ Américains 38, 46-48, 50, 83-84
Fish Creek 63
Fort Erie 36
Fort Garry 59-60
Fort Pitt 68
Fort Wellington 30
Halifax 46
Île de Vancouver 48-51
Kingston 31, 33
Lac à la grenouille 66-68
Lac aux Canards 63
Manitoba 60-61,84
Montréal 2, 7, 14, 38, 79
Napierville 12
Nouveau-Brunswick 28
Nouvelle-Écosse 28, 44, 46, 54
Ottawa 50, 52, 61-63
Québec 2, 40, 84
Regina 64 ,68
Saskatchewan 62, 65, 84
Toronto (York)19-25

Cartes et illustrations

Amor de Cosmos 52
Arrivée du chemin de fer 66-67
Assassinat de Thomas D'Arcy McGee 42
Bas-Canada (1830) 5
Bataille de Batoche 64
Bataille de Saint-Eustache 8-9
Bataille du moulin 30-31
Brancardiers à la 1re GM 78
Bureaux du journal de Joseph Howe, Novascotian 45

Colombie-Britannique 51
Découverte de l'or 47
Drapeau de Mackenzie 27
Drapeau fénien 38
Droits des femmes 85
Entraînement à la campagne 21
Fort Garry 60
Francis Bond Head 23
Frontière Windsor-Detroit (1838) 29
Gabriel Dumont à cheval 62
Hôpital de Norman Bethune 82
James Barry 74
James Douglas 53
John J. O'Neill faisant traverser la rivière Niagara à ses soldats 37
Louis Riel au tribunal 69
Louis Riel parmi les Métis 58
Louis-Joseph Papineau 15
Louis-Joseph Papineau qui prend la parole 3
Norman Bethune en Chine 81
Patriotes 6
Port de Nanaimo 49
Prairies 65
Robert Moodie essayant d'avertir le gouverneur 24
Thomas D'Arcy McGee 39
Tract révolutionnaire 22
William Lyon Mackenzie et la presse écrite 18

Autres

Chemin de fer Canadien Pacifique Limitée 52, 64
Compagnie de la Baie d'Hudson 49, 59
Confédération 40, 52, 54, 60-62
Métis 59-63, 65, 68
Patriotes 2-15
Police à cheval du Nord-Ouest (NWMP, Police « montée ») 63, 68-69

Personnalités

Amor de Cosmos (Bill Smith) 46-53
Baldwin, Robert 13
Barry, James 75-77, 83
Bethune, Norman 78-82
Bierce, Lucius V. 28, 32
Big Bear 65-68, 70
Bond Head, Francis 19-20, 23, 25
Bonnycastle, Richard 29
Brown, Thomas 2, 4, 7
Bruce, James (seigneur d'Elgin, lord Elgin)13-14
Bruce, John 60
Carrie, Mary Ann Shadd 54
Carson, William 83
Chénier, Jean Olivier 7-11
Douglas, James 49-50
Dumont, Gabriel 61-64
Duncombe, Charles 25-26, 28-29
Edison Thomas 33
FitzGibbon, James 23
Girod, Amury 7, 14
Gore, Charles 4, 7
Howe, Joseph 44-46, 54
Lafontaine, Louis 13-14
Macdonald, John A. 33, 40, 54, 63, 69
Mackenzie, William Lyon 19-28, 32-33
McClung, Nellie 84
McGee, Thomas D'Arcy 36-43, 54
McPhail, Agnes Campbell 84
Moodie, Robert 24
Murray, Ma 54
Nelson, Robert 12
Nelson, Wolfred 4, 7
Nightingale, Florence 83
O'Callaghan, Edmund B. 4, 7, 12
O'Neill, John J. 36
Papineau, Louis-Joseph 2-4, 7, 12-13, 15
Poundmaker 65
Powell, John 25
Prince, John 28, 29, 32
Quinn, Thomas 65-66
Riel, Louis 59-62, 64, 68-70
Scott, Thomas 61
Sitting Bull 64
Stowe, Augusta 84
Stowe, Emily 83-84
Trout, Ginny 84
Van Rensselaer, Rensselaer 26, 29
Von Schoultz, Nils Gustaf 30-33
Wandering Spirit 66-68
Weir, Jock 7, 11
Wetherall, George 4, 10
Whelan, Patrick James 41, 43
Whiting, Eunice 33

Made in the USA
Monee, IL
11 September 2026

62771018R10057